Hans-Georg Wünch

NEU ENTDECKT.
Die Feste des Kirchenjahres

Hans-Georg Wünch

Neu entdeckt.

Die Feste des Kirchenjahres

Dr. Hans-Georg Wünch
NEU ENTDECKT.
Die Feste des Kirchenjahres

Bestell-Nr. 271.406
ISBN 978-3-86353-406-6

Soweit nicht anders angegeben, wurde folgende Bibelübersetzung verwendet:
Lutherbibel Standardausgabe, © 1999 Deutsche Bibelgesellschaft, Stuttgart
Außerdem wurde verwendet: Hoffnung für alle, © 1983, 1996, 2002, 2015
mit freundlicher Genehmigung des Herausgebers Fontis-Brunnen, Basel

1. Auflage
© 2016 Christliche Verlagsgesellschaft Dillenburg
www.cv-dillenburg.de
Satz: NEUES LEBEN e. V.
Umschlaggestaltung: Daniel Janzen, NEUES LEBEN e.V.
Umschlagmotiv: © stockyimages/shutterstock.com, textures.com, NEUES LEBEN e.V.
Druck: Werbedruck GmbH Horst Schreckhase, Spangenberg
Printed in Germany

Inhalt

VORWORT

Ein Buch über die Feste des Kirchenjahres? Wie kommt man nur auf so eine Idee? Anlass für dieses Buch war eine Feiertagsausstellung, die wir als Evangelische Allianz mit der „Aktion in jedes Haus" (AJH) durchführten. Ich wurde gebeten, zur Eröffnung der Ausstellung eine Predigt über die christlichen Feiertage zu halten. Dabei stellte ich fest, wie gut sich die Feiertage eignen, die wesentlichen Punkte des christlichen Glaubens zu erläutern.

Daraus wurde eine Idee für ein Buch. Warum nicht einmal Predigten zu den einzelnen Feiertagen und zu Themen rund um diese Feiertage sammeln und in einem Buch vereinen? Die jetzt hier vorliegenden Gedanken zu den Festen und Feiertagen des Kirchenjahres sind allesamt aus Predigten entnommen, die ich in den vergangenen Jahren gehalten habe. Dieser Predigtcharakter wird an vielen Stellen deutlich. Er bedingt natürlich auch, dass sich manche Gedanken wiederholen.

Das Buch ist also nicht in erster Linie dazu gedacht, in einem „Rutsch" von vorne nach hinten gelesen zu werden (obwohl das natürlich auch möglich ist). Es soll vielmehr ein Buch sein, das immer wieder einmal zur Hand genommen werden kann, um Gedanken zu den einzelnen Feiertagen und Anlässen zu wiederholen und zu vertiefen.

In diesem Sinne würde ich mich freuen, wenn das Buch ganz vielen Menschen eine Hilfestellung ist, die Bedeutung der Feste und Feiertage des Kirchenjahres ganz neu zu begreifen und anhand dieser Feste das Eigentliche des christlichen Glaubens zu erkennen.

Dr. Hans-Georg Wünch

Teil 1

Mit Gott F(f)este feiern

EINLEITUNG

Knapp 10 % der Deutschen wissen nicht, dass Weihnachten etwas mit der Geburt von Jesus zu tun hat; es ist zu einem Fest der Familie und Geschenke gemacht worden.

14 % wissen nicht, dass Ostern etwas mit der Auferstehung von Jesus zu tun hat; wir feiern es meist als Fest des Frühlings und des Osterhasen.

Nur jeder Vierte (etwa 24 %) kann erklären, warum Pfingsten gefeiert wird; es hat mittlerweile vorwiegend die Bedeutung eines Anlasses für Kurzurlaube bekommen.

Nur 39 % der Deutschen wissen, dass es an Himmelfahrt darum geht, dass Jesus in den Himmel zurückgekehrt ist; es hat heute hauptsächlich den Sinn bekommen, dass der deutsche Mann nicht verdurstet.

Man könnte so weitermachen und sich darüber beklagen, dass die kirchlichen Feiertage in der Bevölkerung Deutschlands häufig nicht mehr ihrem Sinn nach bekannt sind und daher umgedeutet oder abgeschafft werden. Man kann aber auch den anderen Weg einschlagen und erklären, wozu diese Tage eigentlich da sind und was wir da feiern. Diesen Weg möchte dieses Buch gehen. Drei Aspekte, die zu den kirchlichen Feiertagen gehören, sollen dabei aufgezeigt werden: Ruhen, Feiern und Erinnern, das soll der Dreiklang sein. Alle Feste und Feiertage haben diese drei Aspekte, aber ihre Betonung ist etwas unterschiedlich verteilt. Beginnen wir mit dem ersten Aspekt, dem Ruhen:

DER RUHETAG – EIN TAG FÜR GOTT UND MICH

Wenn man über die kirchlichen Feste und Feiern nachdenkt, könnte man es fast übersehen. Gott hat einen Tag in der Woche mit einer ganz besonderen Bedeutung versehen: den Ruhetag. Ursprünglich war dies der Sabbat, unser Samstag. Als sich die

Christen dann immer häufiger am ersten Tag der Woche versammelten, um hier die Auferstehung von Jesus Christus zu feiern, wurde der Ruhetag in der christlichen Kirche auf den Sonntag gelegt. 321 n. Chr. wurde dies durch Kaiser Konstantin den Großen für das gesamte Römische Reich zum Gesetz erhoben. Seither feiern Christen den Sonntag als siebten Tag der Woche.

Gleichgültig, welcher Tag nun gefeiert wird, begründet wird dieser Ruhetag jedenfalls mit Gottes Schöpfung. An sechs Tagen hat Gott diese Welt geschaffen, am siebten Tag ruhte er. Das lesen wir in 1. Mose 2,2. Und im nächsten Vers heißt es: *„Und Gott segnete den siebenten Tag und heiligte ihn, weil er an ihm ruhte von allen seinen Werken, die Gott geschaffen und gemacht hatte."*

Der Ruhetag ist somit die erste und älteste Norm, die Gott für diese Welt geschaffen hat. Sie ist eine Regel, die in der Schöpfung selbst verankert ist. Es hat in der Weltgeschichte verschiedene Versuche gegeben, diese Norm zu verändern. Aber letztlich haben sie sich nicht durchsetzen können. Der Rhythmus von sechs Tagen Arbeit und einem Ruhetag ist ganz offensichtlich schöpfungsmäßig vorgegeben und kann nicht einfach verändert werden ohne negative Folgen für den Menschen.

Dabei müssen wir überhaupt nicht weit in die Geschichte zurückblicken, um die Wahrheit dieser Aussage zu bestätigen. Wir können sie an unserem eigenen Leben und in unserer Gesellschaft mit Händen greifen. Vor kurzem erzählte mir eine unserer Studierenden am Theologischen Seminar Rheinland (so heißt das NEUES LEBEN Seminar seit einigen Jahren), dass sie einmal neun Wochen lange ohne Unterbrechung durchgearbeitet habe. Danach sei sie für drei Wochen krank gewesen. Wenn man einmal nachrechnet, ist das ein ziemlich schlechter Tausch. Hätte sie in den neun Wochen jeweils einen Ruhetag gehalten, wären das nur 1 1/2 Wochen gewesen, die sie nicht gearbeitet hätte.

Gott selbst hat es uns vorgemacht. An sechs Tagen schuf er diese Welt. Dann ruhte er einen Tag aus. Man könnte vielleicht etwas zynisch fragen, ob wir stärker als Gott sein wollen, wenn wir meinen, einen solchen Tag der Ruhe nicht zu benötigen. Dabei kommt es übrigens nicht so sehr darauf an, ob wir am Sonntag oder an einem anderen Tag ruhen. Manche müssen ja auch sonntags arbeiten. Aber wenn wir Gott achten und ehren, dann werden wir nach Wegen suchen, wie wir diese von ihm verordnete Ruhe in unserem Leben umsetzen können.

Wofür ist dieser Tag nun da? Natürlich ist ein Ruhetag zunächst einmal ein Tag, an dem man ruht. Das klingt wie eine Selbstverständlichkeit. Gott hat es in 2. Mose 23,12 so gesagt: *„Sechs Tage sollst du deine Arbeit tun; aber am siebenten Tag sollst du feiern, auf dass dein Rind und Esel ruhen und deiner Sklavin Sohn und der Fremdling sich erquicken."*

Ein zweiter Aspekt des Ruhetages ist der Aspekt des Gottesdienstes. In 3. Mose 23,3 lesen wir: *„Sechs Tage sollst du arbeiten; der siebente Tag aber ist ein feierlicher Sabbat, eine heilige Versammlung. Keine Arbeit sollt ihr an ihm tun, denn es ist ein Sabbat für den HERRN, überall wo ihr wohnt."*

Ein Sabbat für den Herrn, eine heilige Versammlung. Das soll diesen Ruhetag ausmachen. An diesem Tag haben wir Zeit für Gott. Zeit, um gemeinsam ihn zu feiern und für ihn da zu sein. Traditionellerweise wird der Sonntag unter Christen so gefeiert, dass man ihn mit einem gemeinsamen Gottesdienst beginnt. Ruhe, das ist der Schwerpunkt dieses Tages. Aber auch das Feiern Gottes und die Erinnerung an Gottes Handeln in der Schöpfung und in unserem eigenen Leben. Damit sind wir beim nächsten Gedanken angekommen:

DAS KIRCHENJAHR – WIR FEIERN DAS EVANGELIUM

Im Laufe des Kirchenjahres gibt es eine Reihe von Festen mit besonderer Bedeutung: Advent, Weihnachten, Karfreitag, Ostern,

Himmelfahrt und Pfingsten. Sie bilden so etwas wie die Kurzfassung der Geschichte und Bedeutung von Jesus Christus. Die Überschrift dieses Abschnittes gibt dies mit den Worten wieder: Wir feiern das Evangelium.

Das Kirchenjahr beginnt mit einer Zeit des Wartens. **Advent,** so nennen wir diese vier Wochen vor Weihnachten. Der Begriff „Advent" ist die Kurzfassung des lateinischen *Adventus Domini*, was so viel bedeutet wie: „Ankunft des Herrn".

Mit dem Wort *Adventus* bezeichnete man im Römischen Reich die erwartete Ankunft oder den Besuch einer wichtigen Person, eines Amtsträgers oder eines Königs oder Kaisers. Auch im religiösen Zusammenhang wurde der Begriff benutzt. Hier konnte er für die Ankunft einer Gottheit in seinem Tempel verwendet werden. Diese doppelte Erwartung drückt sehr gut aus, was für die Christen die Ankunft von Jesus Christus ist: In Jesus ist der Herr und König und zugleich der Sohn des lebendigen Gottes in diese Welt gekommen. Und ebenso leben Christen in der Erwartung der bevorstehenden Wiederkunft eben dieses Jesus Christus.

Viele Jahrhunderte lang verband sich mit der Adventszeit eine Zeit des Fastens. Man wollte sich innerlich ganz und gar auf diese Ankunft von Jesus einstellen und darauf vorbereiten. Während diese Adventszeit zunächst zwischen vier und sechs Sonntage umfasste, wurde sie durch Papst Gregor den Großen (er war von 590 bis 604 n. Chr. Papst) auf vier Sonntage festgelegt. Als Adventssonntage gelten jeweils die vier Sonntage vor dem 24. Dezember, dem sogenannten „Heiligabend", der das Weihnachtsfest einleitet.

Damit sind wir bei **Weihnachten** angelangt. Das Fest, an dem wir an die Geburt von Jesus erinnern. Dass wir es vom 24. bis zum 26. Dezember feiern, hat nichts damit zu tun, dass Jesus zu dieser Zeit geboren wurde. Wann genau dies war, wissen wir nicht.

Weihnachten im Dezember feiern die Christen erst seit dem 4. Jahrhundert. Vermutlich wurde es auf den 25. Dezember gelegt, weil dies das Datum für das Fest der sogenannten Wintersonnenwende war, an dem die Heiden das Fest des „unbesiegbaren Sonnengottes" feierten. Die Kirche wollte damit deutlich machen, dass Jesus das Licht der Welt ist, nicht irgendein Sonnengott.

Denn genau darum geht es ja an Weihnachten: Dass Jesus als das Licht Gottes in diese Welt gekommen ist. Deshalb passt Weihnachten so gut in unsere dunkle Jahreszeit. Deshalb die vielen Lichter am Weihnachtsbaum, der übrigens erst ab dem 19. Jahrhundert in christlichen Familien Einzug gehalten hat.

Weihnachten – das ist ein besonderes Fest. Hier wird etwas Einmaliges gefeiert: Gott wird Mensch. Er macht sich zu einem kleinen, hilflosen Kind, das von seinen Eltern versorgt werden muss. In Windeln gewickelt, so heißt es in der Weihnachtsgeschichte. Gottes Sohn erscheint nicht nur für eine gewisse Zeit in dieser Welt, sondern er lebt wirklich mitten unter uns, wird einer von uns. Das Neue Testament spricht davon, dass Jesus Gott gleich war, aber nicht daran festgehalten hat. Er hat sich selbst entäußert, er gab seine ganze göttliche Kraft und Vollmacht auf und wurde ein Mensch wie wir (Phil 2,6-7).

Im Alten Testament lesen wir die bekannte Aussage: *„Es geschieht nichts Neues unter der Sonne"* (Pred 1,9). Die Wahrheit dieser Aussage kann man immer wieder feststellen. Aber Weihnachten – das war etwas Neues. Das war einmalig. Gott wurde Mensch und lebte für etwa 30 Jahre als ein Mensch auf dieser Erde. „Geboren von der Jungfrau Maria", wie wir es im Glaubensbekenntnis formulieren. Das war neu und einzigartig. Und es hat alles verändert. Es war der erste große Schritt auf dem Weg zu unserem Heil, unserer Errettung.

Den nächsten Schritt feiern wir an **Karfreitag.** Mit diesem Tag können sehr viele Menschen in Deutschland nichts mehr anfangen. Was soll so ein trauriger Tag, ein sogenannter „stiller" Feiertag, an dem in den meisten Bundesländern z. B. Tanzveranstaltungen verboten sind? Außerdem müssen an diesem Tag die Geschäfte geschlossen haben, was vor allem in den touristischen Gegenden regelmäßig für Ärger sorgt. So fand ich vor zwei Jahren bei einem Osterurlaub folgende Aushänge in Geschäften: „Wegen Stadt und Kirche dürfen wir an Karfreitag leider nicht für Sie öffnen. Wir freuen uns am Samstag auf Sie" oder: „Da unsere Stadt und Kreisverwaltung keine Steuereinnahmen nötig hat und die Kirche anscheinend gerne auf noch mehr Mitglieder verzichtet, haben wir heute geschlossen und dürfen Ihnen nichts verkaufen. Für uns ein großer Verlust."

Warum feiern wir eigentlich den Karfreitag? Ist der Tag denn wirklich so wichtig? Das Wort „Kar" kommt von dem althochdeutschen Wort *chara*, was so viel wie „Leid, Trauer, Klage" bedeutet. Dieser Tag markiert den tiefsten Punkt der ganzen Weltgeschichte. Jesus, der Sohn Gottes, stirbt am Kreuz für die Schuld von uns Menschen. In dem schon genannten Text aus Philipper 2 fährt Paulus fort: *„Er erniedrigte sich selbst und ward gehorsam bis zum Tode, ja zum Tode am Kreuz"* (Phil 2,8).

Das Kreuz ist der Ort, an dem unsere Schuld von Gott selbst bezahlt wurde. Denn Schuld und Sünde müssen bestraft werden. Und Paulus macht deutlich, dass es dafür nur eine Strafe gibt: den Tod. Der Tod ist die Bezahlung für die Sünde (Röm 6,23a). Diesen Tod hat Jesus, der Sohn Gottes, auf sich genommen. Er, der ohne Sünde war, starb für uns und unsere Sünde. Nur dadurch haben wir das Leben! Karfreitag ist also kein überflüssiger Tag, sondern gehört – zusammen mit Ostern – zum Zentrum der ganzen Weltgeschichte.

Damit sind wir bei **Ostern** angelangt. Der Zeitpunkt von Karfreitag und Ostern hängt am jüdischen Kalender, auch wenn er nicht ganz parallel dazu verläuft. Jesus hat ja mit seinen Jüngern am Tag vor seiner Festnahme und Verurteilung das Passahfest gefeiert (und dabei das Abendmahl gestiftet). Es wird in der Woche vom 15.-22. Nisan gefeiert. Der Nisan ist in Israel der Frühlingsmonat, und da der jüdische Kalender ein Mondkalender ist, verändert sich der Zeitpunkt im Verhältnis zu unserem Kalender jedes Jahr. Wir feiern Ostern immer am Sonntag nach dem ersten Frühlingsvollmond (zwischen dem 22. März und dem 25. April).

Das Wort „Ostern" ist altgermanisch und hängt vermutlich mit der Himmelsrichtung Osten zusammen, dem Ort der aufgehenden Sonne. An diesem Tag versammeln sich viele Christen frühmorgens bei Sonnenaufgang, um sich daran zu erinnern, dass Jesus Christus nach drei Tagen auferstanden ist.

So wie die Deutung des Kreuzes als stellvertretendes Opfer für unsere Sünden ist auch die leibhaftige Auferstehung Jesu heute weithin umstritten. Selbst unter Theologen und in manchen kirchlichen Kreisen findet sich eine Verlagerung des Ereignisses in das innere Seelenleben der Jünger. Angeblich hätten sie irgendwann nach dem Tod von Jesus nach und nach begriffen, dass die Worte von Jesus und seine Lehren über Gott immer noch stimmten und man sich daran halten könne, obwohl er gestorben sei. Also hätten sie – zunächst sozusagen symbolisch – davon gesprochen, dass er auferstanden sei. Später sei daraus dann die Erzählung vom leeren Grab und den Begegnungen mit dem auferstandenen Jesus geworden.

Paulus hat zu solchen Vorstellungen sehr klare Worte. Er sagt: *„Ist aber Christus nicht auferstanden, so ist unsere Predigt vergeblich, so ist auch euer Glaube vergeblich"* (1. Kor 15,14). Ohne die Auferstehung von Jesus gibt es keine Auferstehung für uns. Ohne sein Leben bleiben wir im Tod. Ohne die Auferstehung würde auch die Vergebung der Sünden nicht gelten, sagt Paulus. Ohne Ostern haben auch die anderen Feiertage letztlich keine Bedeutung für uns. Dass Jesus auf diese Welt kam und am Kreuz starb, wäre sinnlos ohne Ostern. Und Himmelfahrt oder Pfingsten würde es ebenfalls nicht geben. Ostern ist daher so etwas wie der Dreh- und Angelpunkt der ganzen Weltgeschichte. Dieser Tag hat alles verändert!

Der Tod ist besiegt. Er hat seine Macht ein für alle Mal verloren. Das gilt für alle, die sich auf den Kreuzestod von Jesus eingelassen und seine Vergebung angenommen haben. Wer mit Jesus Karfreitag feiert, darf auch mit ihm an Ostern jubeln!

Das nächste große Ereignis, an das wir im Kirchenjahr denken und das wir feiern, ist **Christi Himmelfahrt.** Neben Pfingsten ist es sicher das Fest, dessen Bedeutung in Deutschland am unbekanntesten ist. Heute ist es fast ausschließlich zum „Vatertag" degradiert. Obwohl ich eigentlich finde, dass zumindest der Name, wenn auch nicht die Art der Feier, zu Himmelfahrt ganz gut passt.

Denn an Himmelfahrt geht es ja darum, dass der auferstandene Jesus, nachdem er seinen Jüngern 40 Tage lang immer wieder erschienen war und ihnen das Verständnis des Alten Testamentes geöffnet und die Bedeutung seines Lebens, Sterbens und Auferstehens erläutert hatte, wieder zu seinem Vater in den Himmel zurückkehrte. Er sagte es Maria gegenüber am Ostermorgen so: *„Ich fahre auf zu meinem Vater und zu eurem Vater, zu meinem Gott und zu eurem Gott"* (Joh 20,17).

Himmelfahrt ist aber nicht nur der Tag der Rückkehr Jesu zu seinem Vater in den Himmel. Er markiert auch den Tag, an dem Jesus die Herrschaft über die ganze Welt im Himmel antrat. In diesem Sinne ist Himmelfahrt so etwas wie ein Krönungsfest. Im Epheserbrief spricht Paulus von der überragenden Kraft Gottes, *„mit der er in Christus gewirkt hat. Durch sie hat er ihn von den Toten auferweckt und eingesetzt zu seiner Rechten im Himmel, über alle Reiche, Gewalt, Macht, Herrschaft, und alles, was sonst einen Namen hat, nicht allein in dieser Welt, sondern auch in der zukünftigen"* (Eph 1,20-21).

Das feiern wir an Himmelfahrt! Jesus ist der Herr aller Herren und der König aller Könige. Er „sitzt zur Rechten Gottes, des Allmächtigen", wie die Christen weltweit im apostolischen Glaubensbekenntnis bekennen. Und Himmelfahrt hat dabei immer zugleich auch den Blick nach vorne. Denn als Jesus vor den Augen seiner Jünger in die Gegenwart Gottes aufgenommen wurde, sagten die Engel: *„Dieser Jesus ... wird so wiederkommen, wie ihr ihn habt gen Himmel fahren sehen"* (Apg 1,11). Himmelfahrt ist daher auch immer das Fest, an dem wir den wiederkommenden Herrn feiern!

Bleibt noch das letzte große Fest im Kirchenjahr: **Pfingsten.** Das Wort „Pfingsten" kommt von dem griechischen Wort *pentekostä*, was so viel wie „50" bedeutet. Es findet, wie der Name schon sagt, 50 Tage nach Ostern statt. Ursprünglich war es im Judentum das sogenannte „Erntefest", das zu Beginn der Gerstenernte gefeiert wurde, und zwar immer 50 Tage nach dem Passahfest. An diesem Tag kamen sehr viele Juden aus dem ganzen Römischen Reich nach Jerusalem. Viele waren schon zum Passahfest gekommen und blieben bis Pfingsten, andere kamen erst zum Pfingstfest. Die Stadt war daher voller Menschen mit unterschiedlichen Sprachen und aus unterschiedlichen Kulturen. Hier war das Ergebnis der Sprachenverwirrung von Babylon mit Händen zu greifen. Damals geschah jedoch an diesem Pfingstfest etwas ganz Außergewöhnliches. Die ansonsten sehr stillen und zurückgezogenen Jünger Jesu traten plötzlich in die Öffentlichkeit in Jerusalem. Sie fingen an, lauthals davon zu erzählen, was ihnen dieser Jesus bedeutete, und dass er nicht im Tod geblieben, sondern auferstanden war. Das Besondere daran war, dass plötzlich jeder der in Jerusalem Anwesenden die Jünger in seiner Muttersprache reden hörte. Es war, als hätte Gott für einen kurzen Augenblick die Sprachenverwirrung von Babylon ausgesetzt.

Die Bibel berichtet, dass es der Heilige Geist war, der über die Jünger kam und sie befähigte, in aller Öffentlichkeit aufzutreten. Und dass es dieser Geist war, der sie in fremden Sprachen sprechen und die Zuhörer sie in ihrer Muttersprache hören ließ. Gott hebt hier durch seinen Geist für einen Augenblick in der Weltgeschichte alles auf, was uns sonst trennt.

An diesem Tag wird die Gemeinde geboren. Die Gemeinde Jesu, die sich quer durch alle Kulturen, Sprachen und Völker erstreckt. Die Gemeinde Jesu, die sich nicht mehr darüber definiert, dass man Gleiches denkt, Gleiches tut, gleiche Musik macht oder einen gleichen Geschmack besitzt, sondern darüber, dass man dem gleichen Herrn dient, den gleichen Gott zum Vater hat und den gleichen Heiligen Geist besitzt, der diese neue Einheit schafft. Pfingsten ist damit so etwas wie ein Vorgeschmack des Himmels, wo alles, was uns hier auf der Erde trennt, beseitigt sein wird. Wo wir uns nicht mehr darüber definieren, was wir sind und können, sondern nur noch darüber, dass wir Kinder des lebendigen Gottes sind, und dass er selbst in unserer Mitte wohnt.

Damit sind wir also durch die großen Feste des christlichen Kirchenjahres gegangen. Sie sind die Tage, an denen wir gemeinsam feiern, was Jesus für uns getan hat. Darüber hinaus sind sie natürlich auch da, um von dem normalen Alltag auszuruhen und schließlich, um uns daran zu erinnern, was wir glauben. Diesen letzten Aspekt der Erinnerung möchte ich jetzt noch kurz ansprechen, wenn ich auf die „Erinnerungsfeste" zu sprechen komme, die zwar keinen direkten biblischen Ursprung haben, uns aber helfen können, uns Gottes Taten in unserem Leben zu vergegenwärtigen.

DIE ERINNERUNGSFESTE – VOM DENKEN UND DANKEN

Hier kann es natürlich nur um eine Auswahl gehen. Regional und konfessionell bedingt gibt es nämlich eine ganze Reihe solcher Feste. Beginnen wollen wir mit dem **Erntedankfest.**

Dieses Fest findet gewöhnlich am ersten Sonntag im Oktober statt, ist aber kein fester Bestandteil des Kirchenjahres. Ein solches Fest nach dem Einbringen der Ernte gab es schon im Alten Testament. Es erinnert daran, dass unser ganzes Leben abhängig ist von Gott. So wie wir im Vaterunser beten: „Unser tägliches Brot gib uns heute" (Mt 6,11), so bekennen wir im Erntedankfest, dass Gott dies auch im vergangenen Jahr wieder getan hat.

Gerade für uns Mitteleuropäer, für die das Wort „Ernte" häufig seine Bedeutung verloren hat, weil es ja schließlich alles beim Discounter oder im Supermarkt zu kaufen gibt und man eigentlich jede beliebige Frucht zu jeder beliebigen Zeit kaufen kann, scheint mir das Erntedankfest eine wichtige Bedeutung zu haben. Es erinnert uns daran, dass es nicht selbstverständlich ist, genug zu essen zu haben. Wir gehören zu den wenigen Prozent der Weltbevölkerung, die sich alles im Überfluss leisten können. Für ganz viele Menschen in dieser Welt sieht das völlig anders aus.

Ein Tag, an dem wir uns auf Gott und seine Versorgung ausrichten, ist daher ein ganz wichtiger Tag. Er macht deutlich, dass wir Menschen unser Leben nur von Gott her verstehen können. Und dass wir alles, was wir sind und haben, ihm verdanken.

Das nächste Fest, das wir im Laufe des Jahres feiern und zu dem ich etwas sagen möchte, ist ein zutiefst protestantisches Fest. Es wird leider nur noch in einigen Bundesländern als Feiertag gefeiert: der **Reformationstag** am 31. Oktober.

Natürlich könnte man hier viel über Trennendes sprechen. Angefangen von den Spannungen und Spaltungen zwischen Lutheranern und Reformierten, zwischen Landeskirchlern und Freikirchlern bis hin zu denen zwischen Protestanten und Katholiken. Alles das ließe sich trefflich am Reformationstag festmachen.

Oder wir sprechen über das, was uns eint und was an diesem Tag im Mittelpunkt steht: die Betonung des Glaubens und der Glaubensgerechtigkeit. Denn das war es doch, was Martin Luther in den Mittelpunkt stellte. Niemand wird ohne Glauben gerettet. Und „Glaube", das ist nicht das Fürwahrhalten von theologischen Lehren. Glaube ist die lebendige Beziehung zu Jesus Christus, unseren Herrn, und durch ihn zu unserem Vater im Himmel. Glaube bedeutet, dass Weihnachten, Karfreitag und Ostern für mich nicht nur Termine im Kalender sind, sondern dass sie in meinem Leben geschehen sind. Dass Christus auch in mir geboren wurde (Weihnachten). Dass meine Sünde wirklich auf Jesus gelegt und mit ihm ans Kreuz genagelt wurde (Karfreitag). Und dass ich ein Leben führe mit ihm (Ostern), dass er nicht nur der Herr der ganzen Welt, sondern auch meines ganz persönlichen Leben ist (Himmelfahrt), und dass ich mein Leben führe unter der Leitung seines Heiligen Geistes (Pfingsten).

Ein solches Leben haben wir nicht automatisch. Denn als Menschen sind wir in eine ganz andere Richtung unterwegs. Seit Adam und Eva leben wir Menschen ohne Gott. Wir gehen unsere eigenen Wege. Die Bibel nennt dieses Leben ohne Gott „Sünde". Es geht dabei gar nicht in erster Linie darum, wie gut oder schlecht wir leben. Es geht vielmehr darum, dass wir ohne Gott leben. Und deshalb würde uns der dritte Feiertag, zu dem ich etwas sagen will, eigentlich sehr gut tun: der Buß- und Bettag.

Buß- und Bettage wurden im Laufe der Kirchengeschichte immer wieder zu unterschiedlichen Zeiten aus jeweils aktuellen Anlässen gesetzt. Wenn es Notzeiten oder Gefahren gab, wurde die Bevölkerung zu Buße und Gebet aufgerufen. Dabei bedeutet der Begriff „Buße" nicht in erster Linie, dass man sich selbst irgendwelche Strafen auferlegt, auch wenn das oft so verstanden wird. Er bedeutet im Wesentlichen die innere Umkehr zu Gott. Eine „Sinnesänderung", wie es das griechische Wort *metanoia*, das gewöhnlich mit „Buße" übersetzt wird, eigentlich meint.

Umkehren zu Gott und sich Zeit nehmen zum Gebet. Das ist ein Buß- und Bettag. Das war auch der Sinn dieses Feiertages, der Ende des 19. Jahrhunderts in Deutschland eingeführt und immer am letzten Mittwoch vor dem Ewigkeitssonntag, dem letzten Sonntag im Kirchenjahr, gefeiert wurde. 1995 fiel er dann der Pflegeversicherung zum Opfer. Lediglich in Sachsen ist er nach wie vor ein Feiertag.

Nun geht es mir nicht darum, das Wegfallen dieses Feiertages zu beklagen, obwohl ich es schon für tragisch halte, wenn kirchliche Feiertage einfach so geopfert werden. Viel wichtiger, als diesen Tag wieder zum Feiertag zu machen, wäre jedoch, ihn zu leben. Denn das braucht Deutschland: echte Buße, echte Umkehr zum lebendigen Gott. Und Zeiten des Gebetes, in denen wir diesen Gott anbeten und ihm unsere Anliegen bringen.

Damit sind wir bei dem letzten Feiertag angekommen, zu dem ich im Überblick über das Kirchenjahr etwas sagen möchte. Es ist zugleich auch der letzte Sonntag des Kirchenjahres: der **Ewigkeitssonntag** oder Totensonntag. Schon im Mittelalter, als sich die liturgische Abfolge des Kirchenjahres etabliert hatte, nutzte man die letzten Sonntage des Kirchenjahres, um über die „Letzten Dinge" nachzudenken. Am letzten Sonntag ging es dabei vor allem um das Gericht Gottes und das Ewige Leben. Von König Friedrich Wilhelm III. von Preußen wurde der Tag dann zu einem Gedenktag zur Erinnerung an die Verstorbenen gemacht. Je nachdem, ob man mehr den kirchlichen Hintergrund betont oder seine eher weltliche Seite sieht, spricht man daher entweder vom Ewigkeits oder vom Totensonntag.

Unabhängig davon, welche Betonung man diesem Tag gibt, endet damit das Kirchenjahr mit einem Ausblick auf das, was jenseits dieser Welt wirklich zählt. Man könnte es mit den Worten des Mose aus Psalm 90,12 formulieren: „*Lehre uns bedenken, dass wir sterben müssen, auf dass wir klug werden.*" Letztlich ist es diese Sterblichkeit des Menschen, die dazu geführt hat, dass es Advent wurde. Und Weihnachten und Karfreitag und Ostern …

„Mit Gott F(feste) feiern". Unter diesem Thema haben wir über den Sonntag nachgedacht, den Tag der Ruhe, den Gott uns gönnt. Dann haben wir die großen Feste des Kirchenjahres angeschaut und uns an ihnen das Evangelium noch einmal neu vergegenwärtigt. Und schließlich haben wir die Gedenktage betrachtet, die uns helfen sollen, uns und unser ganzes Leben wirklich an Gott festzumachen und auf ihn auszurichten.

Im Folgenden wollen wir uns die Feiertage des Kirchenjahres und die Fest und Gedenktage einmal einzeln genauer ansehen und dabei verschiedene Aspekte dieser Feiertage beleuchten.

Teil 2

Das Kirchenjahr

ADVENT

Das Kirchenjahr beginnt mit den vier Adventssonntagen. Diese Zeit des Wartens auf Weihnachten erinnert zum einen an die hoffnungsvolle Erwartung, mit der Israel auf den Messias wartete, und zum anderen ist sie eine Zeit der Ausrichtung auf das Wiederkommen von Jesus. „Advent" bedeutet ja übersetzt: „Er kommt!"

Damals, vor etwas über 2000 Jahren, wurde das Kommen des Messias angekündigt durch den Engel Gabriel, der zu Maria geschickt wurde mit einer Botschaft, die ihr ganzes Leben verändern sollte. Wir werden uns hier daher unter dem Stichwort „Advent" mit Maria und vor allem der Frage, welche Bedeutung die Jungfrauengeburt theologisch hat, beschäftigen.

WARUM EIGENTLICH EINE JUNGFRAUENGEBURT?

Man stelle sich vor: Maria ist ein 14- oder 15-jähriges Mädchen, in deren Leben ganz plötzlich Gott tritt, und zwar in Gestalt eines Engels. Und als ob das nicht schon genug wäre, verkündet dieser Engel ihr, dass sie schwanger werden und den Sohn Gottes zur Welt bringen wird. Maria ist nicht dumm. Sie weiß, dass Kinder normalerweise nicht geboren werden, ohne dass ein Mann beteiligt ist. Und das weiß sie ganz sicher: Sie ist noch Jungfrau. Also fragt sie nach: *„Wie soll das zugehen, da ich doch von keinem Mann weiß?"* Der Engel antwortet: *„Bei Gott ist kein Ding unmöglich!"* (Lk 1,34-37).

Bei Gott ist kein Ding unmöglich? Auch die Jungfrauengeburt nicht? Wenn man im Internet unter „Jungfrauengeburt" nachsieht, findet man z. B. bei Google über 40.000 Treffer. Man muss nur die ersten paar Seiten durchsehen, dann stellt man sehr schnell fest, dass genau diese Behauptung des Engels heute bei den meisten Menschen – auch teilweise in kirchlichen Kreisen – angezweifelt wird.

Das ist übrigens nichts ganz Neues. Schon der Kirchenvater Irenäus aus dem 2. Jahrhundert hat gesagt: „Jede Irrlehre beginnt entweder mit der Leugnung der Jungfrauengeburt – oder endet damit."

Selbst für viele Theologen in Deutschland ist die landläufige Vorstellung der Jungfrauengeburt Jesu überholt. Der Begriff „Jungfrau" als Bezeichnung für Maria, die Mutter Jesu, sollte nach ihrer Meinung schlicht mit „junge Frau" übersetzt werden, da die Vorstellung der Jungfrauengeburt ein „Stolperstein" beim Verständnis der Weihnachtsgeschichte sei.

Ist das so? Ist es wirklich nicht wichtig, ob Maria im eigentlichen Sinn Jungfrau war oder nicht? Welche Bedeutung hat die Jungfrauengeburt eigentlich, und was geschieht, wenn wir diesen Glaubenssatz einfach so aufgeben? Ich bin davon überzeugt, dass die Jungfrauengeburt ein ganz wichtiger, wesentlicher Bestandteil unseres Glaubens ist. Wenn wir sie aufgeben, dann geben wir etwas Entscheidendes auf! Die Jungfrauengeburt steht nämlich in einem engen Zusammenhang mit der Wiedergeburt.

DIE JUNGFRAUENGEBURT –
GOTTES SOHN WIRD MENSCHENKIND

Die erste Stelle in der Bibel, an der auf Jesus, den kommenden Messias, hingewiesen wird, finden wir ganz am Anfang der Bibel, in 1. Mose 3,15. Gott spricht in dem Zusammenhang seines Urteils über die Sünde von Adam und Eva davon, dass einmal jemand kommen wird, der diese schrecklichen Folgen der Sünde und letztlich die Sünde selbst beseitigen wird. Er sagt zu der Schlange:

„Ich will Feindschaft setzen zwischen dir und der Frau und zwischen deinem Nachkommen und ihrem Nachkommen; der soll dir den Kopf zertreten, und du wirst ihn in die Ferse stechen."

Wenn wir uns diesen Vers einmal näher anschauen, dann stellen wir erstaunliche Dinge darin fest. Da ist zunächst einmal die seltsame Formulierung von dem „Nachkommen der Frau". Im hebräischen Text steht eigentlich wörtlich: „Same der Frau". Nun waren auch die Menschen in der Zeit des Alten Testaments schon so aufgeklärt, dass sie wussten, dass der Mann Samen hat, nicht die Frau. Vom „Samen der Frau" ist im restlichen Alten Testament sonst nicht mehr die Rede. Und dann ist da noch bemerkenswert, dass nicht „die Nachkommen", sondern „der Nachkomme" der Frau angesprochen ist. Dieser Nachkomme der Frau wird offensichtlich eines Tages die furchtbaren Folgen des Sündenfalles wiedergutmachen.

Wenn wir diese Aussage vom Neuen Testament her sehen, dann stellen wir erstaunt fest, dass schon hier, auf den ersten Seiten der Bibel, die Jungfrauengeburt angedeutet wird. Nicht so, dass man von 1. Mose 3,15 her schon sagen konnte, dass der Messias von einer Jungfrau geboren wird. Aber doch so, dass wir es von dem, was wir aus dem Neuen Testament her wissen, erkennen können.

Nun könnte man natürlich fragen, warum das denn so wichtig ist. Schließlich spielt es doch eigentlich keine Rolle, ob Jesus nun mit der Hilfe von Josef oder ohne seine Hilfe gezeugt wurde – oder? Viele moderne Theologen wollen uns dies weismachen. Ich glaube, dass das Gegenteil der Fall ist!

Gerade die Tatsache, dass der erste Hinweis auf die Jungfrauengeburt im Zusammenhang mit dem Sündenfall zu finden ist, scheint mir wichtig. Seit dem Sündenfall sind ja alle Menschen, die als Nachkommen von Adam und Eva geboren werden, Sünder. Wir erben von unseren Eltern die Tatsache, dass sich Adam und Eva gegen Gott entschieden haben. Sünde, das ist hier nicht die einzelne, falsche moralische Handlung, sondern ein Grundzustand: Wir werden sozusagen auf der falschen Seite geboren, getrennt von Gott, losgelöst von ihm.

Man könnte es noch anders ausdrücken: Wir sind alle von Geburt an Egoisten. Wir sind uns selbst das Wichtigste. Gott spielt keine oder nur eine untergeordnete Rolle in unserem Leben. Das ist es eigentlich, was wir in der Theologie mit dem Begriff „Erbsünde" meinen. Und das gilt für alle Menschen. Seit dem Sündenfall können die Nachkommen von Adam und Eva nicht mehr anders – sie sind Sünder von Geburt an. Sie leben auf der falschen Seite, haben nicht Gott, sondern den eigenen Vorteil, das eigene Ich im Mittelpunkt ihres Lebens. Und in der Folge davon sündigen sie.

Wenn nun behauptet wird, dass Jesus von der Jungfrau Maria geboren wurde, dann wird damit auch gesagt, dass er nicht in dieser natürlichen Linie der Menschheit seit Adam und Eva steht. Er ist ganzer Mensch. Das stimmt. Seine Mutter hat ihm alle Erbanlagen weitergegeben, die ihn zum Menschen machen. Aber auf der anderen Seite ist er auch ganzer Gott. Nicht Josef, sondern Gott selbst hat ihn ins Leben gerufen. Er ist durch den Heiligen Geist gezeugt worden, wie der Engel der Maria erklärt.

Nur so konnte Jesus geboren werden, ohne mit der Erbsünde behaftet zu sein. Und nur so konnte er für uns die Erlösung bewirken. Einerseits musste er ganz und gar Mensch sein. Andererseits musste er ohne Sünde leben. Nur so konnte er das Opfer werden, das für unsere Schuld gebracht wurde. Wer also die Jungfrauengeburt leugnet, der macht aus Jesus einen sündigen Menschen, wie wir es sind – und verliert damit letztlich alles!

Demgegenüber lehrt uns die Bibel, dass Jesus eben nicht durch den Willen von Josef, sondern durch Gott selbst gezeugt wurde. Er ist daher Mensch und Gott zugleich. Lange rang man in der christlichen Kirche darum, wie dieses Verhältnis von Gott und Mensch in Jesus Christus zu sehen ist. Dann einigte man sich auf dem Konzil von Chalzedon (451 n. Chr.) auf die Formel, dass Jesus wahrer Mensch und wahrer Gott zugleich ist, also 100 % Gott und 100 % Mensch. Damit wird etwas festgehalten, was zwar dem menschlichen Verstand nicht unbedingt einleuchtet, aber mit den biblischen Aussagen ganz und gar übereinstimmt. In diesem Sinne ist also die Lehre von der Jungfrauengeburt ganz zentral für den christlichen Glauben!

Aber die Lehre der Jungfrauengeburt ist noch in ganz anderer Hinsicht entscheidend, und zwar im Blick auf das, was wir „Wiedergeburt" nennen. In der Jungfrauengeburt erfahren wir, dass Gottes Sohn wirklich und tatsächlich Mensch wird. Er verbindet sich mit dem Menschsein. Gottes Sohn wird Mensch. In der Wiedergeburt geht es im Grunde um das Gegenstück dazu. Hier wird der Mensch Gottes Kind.

DIE WIEDERGEBURT –
MENSCHENKIND WIRD GOTTES KIND

Johannes stellt diesen Zusammenhang sehr deutlich heraus. In Johannes 1,12f lesen wir: *„Wie viele ihn aber aufnahmen, denen gab er Macht, Gottes Kinder zu werden, denen, die an seinen Namen glauben, die nicht aus dem Blut noch aus dem Willen des Fleisches noch aus dem Willen eines Mannes, sondern von Gott geboren sind."*

Bei Jesus waren natürliche Geburt und übernatürliche Zeugung eins. Bei uns ist es anders. Wir sind auf natürliche Weise gezeugt und geboren. Nun aber müssen wir „von neuem geboren werden", wie Jesus dem Pharisäer Nikodemus erklärt. Nikodemus hat Schwierigkeiten, dies richtig zu verstehen. Dabei hätte er eigentlich aufgrund des Alten Testamentes wissen können, worum es geht. Hesekiel formuliert es z. B. so:

„Und ich will euch ein neues Herz und einen neuen Geist in euch geben und will das steinerne Herz aus eurem Fleisch wegnehmen und euch ein fleischernes Herz geben" (Hes 36,26, vgl. 11,19).

Das „Herz" ist in der Bibel das Lebenszentrum, die Lebensmitte. Gott verspricht durch Hesekiel, dass er das Grundproblem des Menschen lösen wird. Dieses Grundproblem wird schon in

1. Mose 8,21 deutlich. Dort sagt Gott: *„Das Dichten und Trachten des menschlichen Herzens ist böse von Jugend auf."*

Damit ist das gemeint, was wir vorhin gesehen haben: Durch den Sündenfall wurde der Mensch von Grund auf böse. Sein ganzes Denken dreht sich um ihn selbst. Durch den Sündenfall wurden nicht irgendwelche Randbereiche des menschlichen Lebens in Mitleidenschaft gezogen, sondern der Kern!

Und genau diesen Kern will Gott ändern. Das macht Hesekiel hier deutlich. Gott kündigt also eine Herzensveränderung an. Diese Veränderung wird dazu führen, dass die Menschen in der Lage sind, das zu tun, was eigentlich immer Kern des Gesetzes war, was Gott schon immer als Ziel vor Augen hatte: ihn von ganzem Herzen und mit ganzer Seele zu lieben (5. Mo 6,5-6).

Und genau dies, diese Herzensveränderung, nennen wir Wiedergeburt. Jesus war von Geburt an 100 % Mensch und 100 % Gott. Durch die Wiedergeburt werden wir, die wir natürlich schon 100 % Mensch sind, ebenfalls zu Kindern Gottes. Wir werden geistlich von neuem geboren, d. h. Gottes Geist selbst kommt in unser Leben hinein. Er ist dieses neue Herz, dieses neue Lebenszentrum, von dem die Bibel spricht. Deshalb ist ja auch „alles neu" geworden, weil das Zentrum neu geworden ist. Wir sind sozusagen 100 % Mensch und sollen nun nach und nach immer mehr lernen, als Kind Gottes zu leben.

Jesus hat Nikodemus gegenüber klar gemacht, dass dies die alles entscheidende Frage ist: Bin ich wiedergeboren? Habe ich dieses neue Leben, von dem die Bibel schreibt? Ist mein Herz schon von Gott her erneuert worden?

WEIHNACHTEN
Was Weihnachten nicht geschehen ist

Im Internet findet sich die folgende Weihnachtsgeschichte:

„Kurz bevor Maria und Josef Bethlehem erreicht hatten, setzten bei Maria die Wehen ein. Josef bemühte sich verzweifelt eine Unterkunft für die Nacht zu finden. Alle Herbergen waren jedoch voll belegt und sie wurden allerorten zurückgewiesen. Letztendlich fanden sie im Stall eines barmherzigen Mannes Unterschlupf. Im Stall standen ein Esel und ein Ochse, die Zeugen wurden, als Maria sich ins Stroh legte und das Kind auf die Welt brachte. Maria wickelte das Baby in Windeln und Josef bettete es in eine Futterkrippe, die er zuvor mit einem Polster aus Heu versehen hatte.[1]*"*

Diese Geschichte ist eine von ganz vielen. Und die meisten von uns würden wahrscheinlich sagen, dass das doch alles richtig so ist. Manche haben vielleicht noch die Vorstellung, dass es damals geschneit haben muss. Schließlich gehört Schnee doch zu Weihnachten, oder? Aber ob Schnee oder nicht – Weihnachten, das weckt in uns irgendwie ganz bestimmte, wohlige Gefühle.

Aber war das wirklich alles so? Steht das so in der Bibel? Was ist Weihnachten eigentlich wirklich geschehen? Und was ist nicht geschehen?

Diese Fragen sind auch die beiden Schritte, in denen wir uns dem Thema nähern wollen: 1. Was Weihnachten nicht geschehen ist, 2. Was Weihnachten wirklich geschehen ist.

Kommen wir noch einmal zu unserer „Weihnachtsgeschichte" zurück. Da sind also Maria und Josef, die nach Bethlehem reisen. Wieso eigentlich? Warum konnten sie nicht in Nazareth bleiben? Für eine Volkszählung muss man doch nicht umziehen, oder? Aber sagt nicht Lukas genau dies?

„Es begab sich aber zu der Zeit, dass ein Gebot von dem Kaiser Augustus ausging, dass alle Welt geschätzt würde. Und diese Schätzung war die allererste und geschah zur Zeit, da Quirinius Statthalter in

Syrien war. Und jedermann ging, dass er sich schätzen ließe, ein je-
der in seine Stadt. Da machte sich auf auch Josef aus Galiläa, aus der
Stadt Nazareth, in das jüdische Land zur Stadt Davids, die da heißt
Bethlehem, weil er aus dem Hause und Geschlechte Davids war, damit
er sich schätzen ließe mit Maria, seinem vertrauten Weibe; die war
schwanger." (Lk 2,1-5)

Es gab also eine Volkszählung, und zwar unter Quirinius. Diese
„Volkszählung" war Teil einer sich über mehrere Jahre hinziehen-
den Steuerschätzung, bei der es im Wesentlichen um den Grundbesitz der Menschen ging. Das war auch der Grund, warum Josef
nach Bethlehem musste. Hier hatte Josef offensichtlich noch
Besitz, einen Acker oder Weinberg oder etwas dergleichen. Solch
einen Grundbesitz musste man in der jeweiligen Stadt registrieren lassen. Man musste also persönlich dorthin reisen. Und seine
Frau Maria musste mit dort erscheinen, denn jeder musste sich
persönlich registrieren lassen. Von einer nationalen Reisewelle,
die das ganze Land überschwemmt hätte, kann also schon mal
nicht die Rede sein. Ein Herrscher, der so etwas angeordnet hätte,
hätte damit ja das gesamte Land und dessen Wirtschaft komplett
stillgelegt, und das für mehrere Wochen oder Monate.

Kommen wir also jetzt – mit Maria und Josef – nach Bethlehem.
Dort, so erzählen uns viele Weihnachtsgeschichten und noch
mehr Vorführungen in Krippenspielen und dergleichen, dort
ziehen sie von Tür zu Tür, von Herberge zu Herberge. Und überall werden sie abgewiesen. Vermutlich kann sich jeder von uns
an jenen hartherzigen Wirt erinnern, der im Krippenspiel Maria
und Josef sein „Nein, wir haben keinen Platz, alles ist voll" ent-
gegenschleudert.

Aber es ist auch der Teil, der mit ziemlicher Sicherheit nicht so
geschehen ist. Dafür gibt es mehrere Gründe. Der erste ist, dass eine
solche Vorstellung eines jungen Paares mit einer hochschwange-
ren Frau, die an der Tür abgewiesen wird, eine Vorstellung ist, die

eigentlich nur jemand aus unserer westlichen Gesellschaft haben kann. Für einen Orientalen ist so etwas völlig unvorstellbar. Gastfreundschaft zählt noch heute im Orient zu den wichtigsten Regeln des Umgangs miteinander.

Und da stellen wir uns Maria und Josef vor, wie sie von Tür zu Tür gehen und überall abgewiesen werden? Und das, obwohl zumindest Josef dort in Bethlehem Grundbesitz und vermutlich auch noch Verwandte hatte?

Aber hat er denn nicht sein Glück bei den Gasthäusern versucht, den Herbergen? Und wieder muss ich solche Vorstellungen enttäuschen. Gasthäuser in unserem Sinn, also Häuser, in denen man für Geld ein Zimmer für einen längeren Zeitraum mieten konnte, gab es damals überhaupt nicht. Reisende wurden überall aufgenommen. Schließlich galt das oberste Gebot der Gastfreundschaft, wie schon gesagt.

Aber steht im Text nicht etwas von einer Herberge? Schauen wir uns den Bibeltext noch einmal genauer an:

„Und als sie dort waren, kam die Zeit, dass sie gebären sollte. Und sie gebar ihren ersten Sohn und wickelte ihn in Windeln und legte ihn in eine Krippe; denn sie hatten sonst keinen Raum in der Herberge." (Lk 2,6-7)

Zunächst einmal halten wir fest, dass die Bibel nichts vom Umherirren von Maria und Josef erzählt, nichts vom verzweifelten Suchen nach einer Unterkunft. „Als sie dort waren" heißt es hier nur ganz kurz und knapp. Es wird nicht einmal gesagt, dass es kurz nach ihrer Ankunft gewesen sei. Vielleicht war es ja auch Tage später. Jedenfalls gebar Maria dort ihren ersten Sohn, Jesus. Sie wickelte ihn in Windeln und legte ihn in eine Krippe. Denn, so heißt es, „sie hatten sonst keinen Raum in der Herberge".

Hier ist von einer „Herberge" die Rede. Heißt das nicht doch, dass Maria und Josef in einem Gasthaus untergekommen waren? Nur, wie schon gesagt, Gasthäuser in unserem Sinn kannte man damals in Israel nicht. Es gab Häuser, in denen man unterwegs einkehren und etwas essen konnte, vielleicht auch mal eine Nacht oder zwei bleiben. In der Geschichte vom barmherzigen Samariter ist von so einem Haus die Rede. Dafür wird übrigens ein anderes griechisches Wort benutzt als das hier in unserem Text. Aber es gab keine „Hotels" oder „Pensionen". Nur an den großen Handelsstraßen gab es sogenannte „Karawansereien", Häuser mit großen Innenhöfen und viel Platz für Tiere, damit durchziehende Karawanen dort für ein oder zwei Tage Rast machen konnten und die Besitzer in der Nähe ihrer Tiere und Handelswaren schlafen konnten. Allerdings gab es keine Karawanenstraße, die durch Bethlehem ging.

Was also war die „Herberge", von der hier die Rede ist? Das im griechischen Grundtext verwendete Wort kommt im Neuen Testament nur dreimal vor. Einmal hier und zweimal in der Geschichte des letzten Abendmahles. Sowohl in Markus 14,14 als auch in dem Bericht in Lukas 22,11 wird das Wort „Herberge" verwendet im Blick auf den großen Raum, den die Jünger für das Passahmahl anfragen sollten. Sie sollten zu einem Hausherrn gehen und ihn fragen, wo die „Herberge" sei, in der Jesus mit seinen Jüngern das Passahmahl feiern könnte. An diesen Stellen wird es natürlich nicht mit „Herberge" übersetzt, sondern gewöhnlich einfach mit „Raum". Die Elberfelder Übersetzung sagt richtiger „Gastzimmer", denn genau das war es.

Die Häuser damals bestanden in der Regel aus einem einzigen großen Raum. Der vordere Teil des Raumes, wo auch die Tür war, lag etwas tiefer als der eigentliche Wohnraum. In dem vorderen Bereich waren nachts auch die Tiere untergebracht. Einen Stall im eigentlichen Sinne gab es im Regelfall nicht. Das wurde nur dann notwendig, wenn der Tierbesitz größer war. Aber dann, so berichtet uns die Weihnachtsgeschichte ja auch, wurden diese Tiere häufig in großen Hürden auf dem Feld von Hirten bewacht. Die meisten Menschen hatten ihre Tiere nachts bei sich im Haus. Das hatte zwei Vorteile: 1. Sie konnten nicht so leicht gestohlen werden und 2. trugen sie dazu bei, dass es warm war. Die Tiere waren also in dem vorderen, etwas tiefer liegenden Teil des Raumes untergebracht.

Auf dem etwas erhöhten Bereich des Raumes waren dann meistens in den Boden die Krippen für die Tiere eingelassen, sodass die Tiere von dem tiefer liegenden Bereich aus fressen konnten. In dem eigentlichen Bereich dieses Raumes spielte sich das ganze Leben der Familie ab. Hier wurde gegessen, gewohnt und geschlafen. So etwas wie getrennte Schlafzimmer, vielleicht sogar ein Schlafzimmer für jedes Kind, war für einen Orientalen unvorstellbar. Er hätte es auch als grausam empfunden, von seiner Familie getrennt sein zu müssen.

Wenn man etwas reicher war, dann gab es neben dem Wohnraum der Familie auf dem Dach oder als Nebenraum noch ein Gastzimmer. Wir lesen davon an mehreren Stellen im Alten Testament. Hier wurden die Kundschafter in Jericho versteckt und hier lebte Elia, als er bei der Witwe in Zarpath wohnte. Und später wohnte auch Petrus in einem solchen Raum, als er in Joppe war. Dieses Gastzimmer ist auch in der Weihnachtsgeschichte gemeint. Hier hatten Maria und Joseph keinen Platz. Sie waren offensichtlich von einer Familie in Bethlehem aufgenommen worden. Vermutlich waren es Verwandte von Josef oder Maria.

Dass sie „keinen Raum in der Herberge" hatten, bedeutet daher wohl, dass der Gastraum schon durch andere Menschen belegt war und sie deshalb unten bei der Familie untergekommen waren, wo sie die Futterkrippe im vorderen Bereich des Hauses nutzen mussten, damit auch Jesus irgendwo schlafen konnte.

Eines jedenfalls ist deutlich: Jesus kam in diese Welt und es war kein angemessener Platz für ihn da. Er musste ausweichen in eine Futterkrippe. Gott selbst war hier geboren worden. Als kleines Kind machte er sich abhängig von der Fürsorge von

Maria und Josef. Was waren noch gleich die beiden Zeichen, an denen die Hirten den Retter der Welt erkennen sollten? Er lag in einer Krippe und er war in Windeln gewickelt.

Der Herr der ganzen Welt, Gott selbst, hat keinen angemessenen Platz in dieser Welt. In dieser Hinsicht ist das mit den Krippenspielen, wo Maria und Josef von Tür zu Tür ziehen und abgewiesen werden, zwar historisch falsch, aber inhaltlich ganz und gar richtig. Wie sagt Johannes: *„Er kam in sein Eigentum; und die Seinen nahmen ihn nicht auf"* (Joh 1,11).

Aber was ist das zweite Zeichen? In Windeln gewickelt. Ist das nicht jedes Kind? Natürlich. Und genau das ist so wichtig. Gott selbst lässt sich ganz und gar auf das Menschsein ein. Er wird ein Kind, das sich nicht selbst versorgen kann und darauf angewiesen ist, von seinen Eltern getragen, gefüttert und saubergemacht zu werden. Denn wofür Windeln notwendig sind, ist ja allgemein bekannt.

Gott wird Mensch. Das ist die Botschaft der Windeln. Ganzer Mensch. Ein Mensch, der 33 Jahre auf dieser Erde lebt, seinen Eltern untertan ist, einen menschlichen Beruf lernt, sich als Zimmermann mit dem Hammer auf den Finger schlägt, der, wie Hebräer 5,8 sagt, *„obwohl er Gottes Sohn war, doch an dem, was er litt, Gehorsam"* lernte. Das ist es, was damals wirklich passiert ist, damals, als es Weihnachten wurde. Das ist es, was übrig bleibt, wenn man das ganze Drumherum, die süßen Weihnachtslieder, die Geschenke, die Krippenspiele und alles andere wegnimmt. Ich will damit übrigens keineswegs alle diese Dinge schlecht machen. Sie sollen nur an ihren richtigen Platz gerückt werden. Denn an Weihnachten geht es um das größte Wunder, das man sich überhaupt vorstellen kann: Gott wird Mensch! Was dieses Wunder bedeutet und was damals wirklich geschehen ist, das wollen wir jetzt im zweiten Punkt etwas näher betrachten.

WAS WEIHNACHTEN WIRKLICH GESCHEHEN IST

Weihnachten –
Gottes Protest gegen die Herrschaft der Mächtigen

Das Wort „Protest" ist in diesem Zusammenhang sicher ungewöhnlich. Was ist „Protest" eigentlich? Das deutsche Wort leitet sich ab von dem lateinischen Wort *protestor*, was so viel bedeutet wie „öffentlich bezeugen". Da tritt jemand auf und setzt – mit Worten und/oder Taten – den gerade herrschenden Personen oder Ansichten etwas entgegen, bezeugt öffentlich, dass er anderer Meinung ist.

Und genau in diesem Sinne ist Weihnachten ein Protest, ein öffentliches Bekenntnis Gottes. Indem Gott sich selbst ganz klein macht und Mensch wird, protestiert er gegen die Herrschaft der Mächtigen, die in unserer Welt das Übliche, das Normale ist. Maria drückt dies in ihrem Lobgesang aus, dem ersten Adventslied der Welt, indem sie sagt: *„Er stößt die Gewaltigen vom Thron und erhebt die Niedrigen"* (Lk 1,52). Er tut das, indem er sich selbst ganz klein macht. In Philipper 2,7 wird dies so formuliert:

„... sondern entäußerte sich selbst und nahm Knechtsgestalt an, ward den Menschen gleich und der Erscheinung nach als Mensch erkannt."

Gott nimmt die Gestalt eines Knechtes an, indem er, der Schöpfer der ganzen Welt, Mensch wird und sich in nichts von einem Menschen unterscheidet. Er sieht nicht nur so aus wie ein Mensch, er wird Mensch. In einem englischsprachigen Anbetungslied ist die Rede vom „servant king", dem König, der sich zum Knecht macht.

Weihnachten bedeutet also, dass Gott den Herrschaftsstrukturen dieser Welt seinen Protest entgegenstellt, indem er selbst zum Diener, zum Knecht wird. Das ist das erste. Aber Weihnachten ist mehr!

Weihnachten – Gottes Protest gegen das Leid in der Welt

Leid tritt uns ja in ganz unterschiedlicher Form entgegen. Tod, Krankheit und persönliche Nöte stürmen immer wieder auf uns ein. Niemand bleibt davon wirklich verschont. Vielleicht ist es in Ihrem Leben gerade recht ruhig. Das ist ein Grund, um dankbar sein! Aber vielleicht stürmt es auch gewaltig und man fragt sich, ob und wie man da feiern kann.

Aber genau das ist es, warum es Weihnachten geworden ist. Gott kam in diese Welt hinein, weil sie eine Welt voller Leid ist. Und Gott protestiert gegen das Leid dieser Welt, er setzt dem Leid der Welt seine Liebe und Barmherzigkeit entgegen. Aber er tut es nicht von oben herunter, aus dem Blickwinkel des Königs, des Herrschers, des Chefs. Er tut es auf eine ganz ungewöhnliche Weise. Er macht sich ganz klein. Im Philipperbrief lesen wir:

„Er erniedrigte sich selbst und ward gehorsam bis zum Tode, ja zum Tode am Kreuz." (Phil 2,8)

Gott protestiert gegen das Leid dieser Welt, indem er es auf sich nimmt. Drei Jahre lang zieht Jesus durch das Land und immer wieder demonstriert er dabei seine Barmherzigkeit. Er leidet mit den Leidenden und weint mit den Weinenden. Er hilft und heilt, nur um am Ende selbst einen grausamen Tod zu sterben. Gottes Protest gegen das Leid in der Welt ist so ganz anders, als wir uns das vorstellen. Er nimmt es auf sich, damit er uns wirklich verstehen kann. Der Hebräerbrief formuliert es so:

„Denn wir haben nicht einen Hohenpriester, der nicht könnte mit leiden mit unserer Schwachheit, sondern der versucht worden ist in allem wie wir, doch ohne Sünde." (Hebr 4,15)

Jesus kann mit uns mitleiden, weil er ganz Mensch wurde. Er wurde versucht, damit er unsere Versuchung verstehen kann. Er litt Hunger und Durst, damit er mit denen mitfühlen kann, die Hunger und Durst leiden. So sieht Gottes Protest gegen das Leid in der Welt aus: Er selbst leidet mit.

Das ist es auch, was wir letztlich dem Leid der Welt entgegensetzen können. Wir haben keine Antwort auf die Frage nach dem „Warum". Aber wir haben einen Herrn, der mit uns leidet, mit uns weint, mit uns trauert. Einen Herrn, der selbst gelitten hat bis zum Ende, ja, bis zum Ende am Kreuz. Und damit sind wir bei dem dritten, was Weihnachten bedeutet:

Weihnachten – Gottes Protest gegen die Sünde

Der Protest gegen die Machtstrukturen dieser Welt und gegen das Leid in der Welt – das alles zeigt uns einen Gott der Liebe. Einen Gott, der auf unserer Seite steht. Aber letztlich ist das zu wenig. Sicher, man könnte von daher die Menschen auffordern, statt nach Macht nach Liebe zu streben, man könnte sie auffordern, barmherziger zu sein und mit anderen Menschen mitzuleiden. Aber damit sind ja unsere Probleme nicht gelöst.

Gottes Protest geht tiefer. Er geht an die Wurzel von allem, was das Miteinander von Menschen und das Leben in dieser Welt so schwierig und leidvoll macht. Gott protestiert gegen die Sünde, gegen die Wurzel von Leid und Krankheit, Hass und Tod. Und Sünde, das ist hier ganz wichtig, meint nicht in erster Linie die bösen Taten von uns Menschen. Gemeint ist vielmehr die Tatsache, dass wir unser Leben ohne Gott führen. Das heißt nicht, dass man Gott unbedingt ablehnen muss. Aber man richtet sein Leben nicht nach ihm aus. Man lässt ihn nicht Gott sein, Herr sein. Man lebt distanziert von ihm.

Das ist es, was die Bibel Sünde nennt. Und das ist es auch, was die letzte und eigentliche Ursache von all dem ist, worunter wir so leiden, angefangen von den zwischenmenschlichen Spannungen und Problemen bis hin zu den großen Katastrophen dieser Welt. Alles in dieser Welt ist durch die Sünde, durch die Trennung des Menschen von Gott in Mitleidenschaft gezogen. Man las übrigens früher beim Weihnachtsgottesdienst in den Kirchen die Geschichte vom Sündenfall aus 1. Mose 3. Und auch die bunten Kugeln am Baum erinnern an diese Geschichte, wo Adam und Eva von dem Baum der Erkenntnis des Guten und des Bösen aßen und dadurch die Sünde in diese Welt kam.

Und genau hier setzt Gott an. Sein Sohn lebt in dieser Welt. Er demonstriert Gottes Liebe und Barmherzigkeit, leidet unter den Machtstrukturen dieser Welt und stirbt schließlich am Kreuz. Und das, obwohl er als Einziger den Tod nicht verdient hat. Er hat ein Leben ohne Sünde gelebt. Und er stirbt für uns, an unserer Stelle. Er trägt unsere Schuld, wird für unsere Sünde ans Kreuz genagelt. Das ist der eigentliche und tiefere Sinn von Weihnachten. Gott öffnet die Tür zu sich selbst. Er bietet uns Vergebung an, möchte uns zu seinen Kindern machen und dann durch uns in dieser Welt Veränderung bewirken.

Das ist Weihnachten – ein großes Gegenprogramm, ein himmlischer Protest gegen das, was in dieser Welt gespielt wird.

KARFREITAG
Sünde und Vergebung

Viele Menschen haben Schwierigkeiten zu glauben, dass Gott ihnen vergibt. Sie fragen sich, wie sie denn wissen können, dass Gott ihnen ihre Sünden vergibt. Und auch wenn sie in Predigten hören, dass Gott Schuld vergibt, können sie nicht glauben, dass das auch für sie gilt. Und das, obwohl sie vielleicht schon von Kindheit an überzeugte Christen sind. Manchmal gibt es in ihrem Leben eine bestimmte Sünde, die ihnen immer wieder vor die Augen tritt. Und so glauben sie, dass ihnen diese Sünde nicht vergeben worden ist – und vielleicht auch nicht vergeben werden kann.

An Karfreitag geht es um Sünde und um Vergebung. Es geht darum, dass der Sohn Gottes am Kreuz für unsere Sünde und Schuld stirbt. Dabei ist es wichtig, dass wir nicht erst hier, an Karfreitag, einsetzen und darüber nachdenken, wie radikal Gottes Vergebung ist, sondern dass wir zunächst einmal darüber nachdenken, warum wir diese Vergebung eigentlich brauchen. Wir müssen darüber nachdenken, was es heißt, ein Sünder zu sein.

Bist du ein Sünder? Oder ist der Begriff irgendwie reserviert für ganz besonders schlimme Menschen? Oder vielleicht für die Verkehrssünder? Oder – in der Fastenzeit besonders aktuell – für die „Sünder", die sich dadurch auszeichnen, dass sie ein Stück Sahnetorte essen: „Heute Nachmittag habe ich aber wieder einmal gesündigt ..."? Zwei Begriffe will ich hier näher untersuchen: „Sünde" und „Vergebung". Ich will das tun unter zwei Überschriften: 1. Sünde – mehr als böse Taten und 2. Vergebung – mehr als gute Worte.

SÜNDE – MEHR ALS BÖSE TATEN

Da kommt ein junger Mann zu Jesus. Er hat ein Problem, eine Frage, die ihn quält: *„Meister, was soll ich Gutes tun, damit ich das* *ewige Leben habe?"* Und Jesus antwortet diesem jungen Mann: *„Halte die Gebote."* Daraufhin fragt der junge Mann: *„Welche?"* Und Jesus antwortet: *„„Du sollst nicht töten; du sollst nicht ehebrechen; du sollst nicht stehlen; du sollst nicht falsch Zeugnis geben, ehre Vater und Mutter' und: ,Du sollst deinen Nächsten lieben wie dich selbst.'"* Der junge Mann antwortet: *„Das habe ich alles gehalten; was fehlt mir noch?"* (Vgl. Mt 19,16-26).

Das würde ich von mir auch gerne sagen: *„Diese Gebote habe ich von klein auf gehalten!"* Dieser junge Mann ist moralisch sehr hochstehend. Und Jesus sagt nicht zu ihm: „Das stimmt aber nicht." Jesus lässt das stehen. Es gibt Menschen, die führen ein relativ unbescholtenes Leben. Sie bemühen sich, sind vielleicht religiös, glauben vielleicht sogar alles, was die Bibel sagt (oder jedenfalls das Meiste), setzen sich für ihre Mitmenschen ein – Menschen wie dieser junge Mann.

Wenn man diesen Menschen gegenüber von „Sünde" spricht, dann fühlen sie sich irgendwie nicht angesprochen. Welche „Sünde"? Sie tun doch so viel Gutes. Sie sind doch nicht so schlecht wie manche anderen Menschen in ihrer Umgebung. Gott müsste doch eigentlich mit ihnen zufrieden sein, oder?

Dieser junge Mann ist sehr reich. Jesus sagt zu ihm: *„Willst du vollkommen sein, so geh hin, verkaufe alles, was du hast, und gib's den Armen, so wirst du einen Schatz im Himmel haben, und komm und folge mir nach!"* (V. 21).

Jesus bezweifelt nicht die guten Taten und das gute Leben des jungen Mannes. Aber er macht deutlich, was das eigentliche Problem in seinem Leben ist, die eigentliche „Sünde". Ihm fehlt die Verbindung zu Gott. Sein Gott ist das Geld. Auch wenn er vielleicht nicht geizig oder betrügerisch ist – das Geld ist ihm wichtiger als Gott.

Hier wird deutlich, was „Sünde" letztendlich ist: ein Leben ohne Gott, ein Leben nach Maßstäben, die nicht von Gott bestimmt sind. Und genau das gilt für jeden Menschen von Geburt an. Kein Mensch wird geboren in einer Beziehung zu Gott. Wir alle sind fern von ihm. Da ist eine Kluft zwischen Gott und uns, eine unüberbrückbare Kluft. Sie ist da seit Adam und Eva. Seit das erste Menschenpaar sich entschlossen hat, nicht Gott an die erste Stelle zu setzen und seinen Geboten zu folgen, sondern sich selbst. Seit Adam und Eva sich entschieden haben, selbst darüber bestimmen zu können, was gut und böse ist.

Das ist es, was die Bibel „Sünde" nennt: diese grundsätzliche Trennung von Gott. Der junge Mann spürte das. Da gab es etwas, das ganz grundsätzlich in seinem Leben fehlte. „Was fehlt mir noch?", so fragte er. Und Jesus versuchte ihm deutlich zu machen, dass es nicht irgendetwas ist, was er noch tun könnte, irgendetwas zusätzlich zu seinen ganzen guten Taten. Ihm fehlte das ganz Grundlegende – die Beziehung zu Gott.

Losgelöst von Gott. So werden wir Menschen geboren. Alle Sünden, alle moralischen Verfehlungen, alle Lieblosigkeiten, aller Hass und Krieg und alles Leid sind letztlich nur die Folgen dieser grundlegenden Sünde, dieser Loslösung von Gott. Das ist es, was die Bibel „Erbsünde" nennt, diese grundsätzliche Trennung von Gott, die wir als Menschen von Adam und Eva geerbt haben.

Und deshalb gilt auch für alle Menschen das Urteil Gottes: Du bist ein Sünder! Dein Leben steht nicht mit mir in Verbindung. Du verfehlst das Ziel deines Lebens! Paulus schreibt:

„Denn es ist hier kein Unterschied: sie sind allesamt Sünder und ermangeln des Ruhms, den sie bei Gott haben sollten." (Röm 3,22b-23)

Aber die Bibel geht noch einen Schritt weiter. Paulus schreibt auch: *„Der Sünde Sold ist der Tod"* (Röm 6,23). Eigentlich ist das ganz und gar logisch. Wenn Gott das Leben selbst ist, dann gibt es losgelöst von ihm nur eins: den Tod. Dann ist der Lohn, also die Bezahlung der Sünde, das, was wir verdient haben für diese Trennung von Gott: die ewige Trennung von Gott, der ewige Tod.

Alle die vielfältigen Anstrengungen des Menschen, daran etwas zu ändern, sind zum Scheitern verurteilt. Sein religiöses Leben, seine guten Taten, seine Zugehörigkeit zu irgendeiner Kirche oder Organisation – all das muss scheitern. Nur eins könnte helfen: Wenn der Mensch wieder mit Gott in Verbindung käme. Die Kluft der Sünde müsste überbrückt werden. Jemand müsste die Strafe für unsere Sünde auf sich nehmen, den Tod, den wir verdient haben. Jemand, der selbst keine Sünde hat und deshalb nicht sterben müsste. So jemand müsste für uns, an unserer Stelle sterben.

Und genau das ist geschehen. An Karfreitag denken wir daran, dass der Einzige, der ohne Sünde war, für unsere Sünde starb. Jesus, der Sohn Gottes, ging in den Tod, damit wir das Leben haben. Er starb, damit wir nicht sterben müssen. Jesus war der einzige Mensch, der immer in Verbindung mit Gott lebte und deshalb nie sündigte. Er war der Einzige, der den Tod nicht verdient hatte. Als er starb, tat er dies freiwillig und stellvertretend für dich und mich! Seither gilt: Die Verbindung zu Gott ist wieder möglich. Es gibt einen Weg zur Vergebung der Sünde. Und damit bin ich jetzt bei dem zweiten Thema:

VERGEBUNG – MEHR ALS GUTE WORTE

„... der sich selbst für uns gegeben hat, damit er uns erlöste von aller Ungerechtigkeit ..." (Tit 2,14)

Jesus hat durch seinen Tod am Kreuz die Strafe für unsere Schuld auf sich genommen, und zwar nicht nur für uns Christen, sondern für alle Menschen aller Zeiten. Er hat für alle bezahlt!

Bezahlt für alle, gültig für viele

„Und er ist die Versöhnung für unsre Sünden, nicht allein aber für die unseren, sondern auch für die der ganzen Welt." (1. Joh 2,2)

Als Jesus am Kreuz starb, bezahlte er alle Schuld der Welt. Ich möchte dies einmal an einem Bild verdeutlichen: Da ist ein Menschen, nennen wir ihn „Herr Meier". Er ist total überschuldet. Für ihn gibt es eigentlich nur einen Ausweg, dass nämlich jemand, der ein großes Guthaben hat, seine Schuld übernimmt. Nur dann kann er frei von aller Schuld werden.

Und wirklich! Da kommt der reichste und mächtigste Mensch der Welt, die absolute Nummer eins auf der Rangliste der reichsten Menschen, ein Mensch mit Milliarden auf dem Konto, und schreibt einen Scheck aus – einen gedeckten (!) Scheck über die ganze Höhe seiner Schulden! Ist Herr Meier jetzt schuldenfrei? Nein, bisher hat er nur ein Papier in der Hand, das ihm Schuldenfreiheit garantiert. Aber wenn er jetzt versuchen würde, eine Kreditkarte zu beantragen, würde er noch immer ausgelacht. Die Schuld ist noch nicht erlassen, denn er hat den Scheck noch nicht eingereicht. Erst wenn Herr Meier mit dem Scheck zur Bank geht und ihn einlöst, werden seine Schulden auch wirklich beseitigt.

Das ist also der Zustand der Welt seit Kreuz und Auferstehung! Jesus hat für jeden Menschen einen solchen Scheck ausgestellt. Die entscheidende Frage ist, ob man ihn schon eingelöst hat. Es wird am Ende viele Menschen geben, die mit dem Scheck in der Hand und der vollen Höhe ihrer Schulden sterben – weil sie den Scheck nie eingelöst haben! Deshalb habe ich diesen Unterpunkt genannt: „Bezahlt für alle, gültig für viele."

Und wie löst man diesen Scheck ein? Die Bibel ist da ganz eindeutig. Alles, was man tun muss, ist die Vergebung Gottes dankbar anzunehmen. Man kann Gott einfach alle Schuld und Sünde sagen. „Bekennen" nennt die Bibel das. Und dann kann man ihm dafür danken, dass er alle Schuld damals auf Jesus gelegt hat. Wer das glaubt und Jesus zum Herrn seines Lebens macht, der löst diesen Scheck für sich persönlich ein.

DIE VERGEBUNG – EWIG UND UMFASSEND

Paulus schreibt in Römer 8,1:

„So gibt es nun keine Verdammnis für die, die in Christus Jesus sind."
Vergebung ist ewig und umfassend! Jesus ist wirklich für alle

Schuld unseres ganzen Lebens gestorben und hat „eine ewige Erlösung erworben". Im Hebräerbrief, Kapitel 9,12, lesen wir das. Der Schreiber des Hebräerbriefes vergleicht in Kapitel 9 und 10 die Vergebung des Alten Bundes, die immer nur für die aktuell begangenen Sünden gewährt werden konnte, mit der Vergebung des Neuen Bundes, bei dem die Schuld ein für alle Mal vergeben wird. Während das Opfer des Alten Bundes vorübergehend und zeitlich war und immer wieder neu vollzogen werden musste, ist die Vergebung, die Jesus erworben hat, ewig und umfassend.

Das ist die Botschaft, die wir hören und verstehen müssen: Die Vergebung Gottes für unsere Schuld ist wirklich umfassend und ewig! In Kolosser 2,14 macht Paulus diese Endgültigkeit der Vergebung deutlich mit dem Bild eines Schuldscheines. Dieser Schuldschein war die vom Schuldigen unterschriebene Bestätigung, dass man dem Gläubiger gegenüber schuldig war. Und genau diesen Schuldschein, so sagt Paulus, hat Jesus durch seinen Tod am Kreuz bezahlt. Er ist für immer „getilgt". Dieses Wort bedeutet: „beseitigt", „weggewischt". Vergebung ist endgültig und ewig.

Schauen wir uns noch einmal Herrn Meier an. Herr Meier hat mit dem Scheck bei der Bank seine Schulden bezahlt. Was wäre, wenn jetzt einer der Gläubiger kommen und verlangen würde, dass Herrn Meier diese wieder zugerechnet werden sollen? Wir merken, wie unsinnig das ist. Wenn Schuld bezahlt ist, dann ist sie auch wirklich weg. Dann kann und wird sie nie wieder als Schuld zugerechnet.

Ich weiß nicht, ob wir das schon richtig begriffen haben. Jesus hat am Kreuz für alle Schuld meines ganzen Lebens bezahlt. Und zwar nicht nur für die Schuld der Vergangenheit, sondern auch für die Schuld der Gegenwart und Zukunft.

Da sagt Paulus in Kolosser 2,13:

„(Gott) hat uns vergeben alle Sünden."

Oder in Epheser 1,7 lesen wir:

„In ihm haben wir die Erlösung durch sein Blut, die Vergebung der Sünden, nach dem Reichtum seiner Gnade."

Vergebung ist ein Zustand, nicht ein Geschehen. Manche Christen meinen, sie müssten Gott jeden Tag alle ihre Sünden neu bekennen, damit sie auch Vergebung haben. Das ist ein völliges Missverständnis! Wenn wir in 1. Johannes 1,9 lesen: *„Wenn wir aber unsere Sünden bekennen, so ist er treu und gerecht, dass er uns die Sünden vergibt"*, dann ist damit nicht ein tägliches Verhalten gemeint, sondern hier geht es um die grundsätzliche Vergebung, die wir als Menschen bekommen. Schließlich fährt Johannes ja fort, dass er dies den Christen schreibt, *„damit ihr nicht sündigt"* (V. 2,1). Wenn es dann aber doch geschieht, dann *„haben wir einen Fürsprecher bei dem Vater, Jesus Christus, der gerecht ist. Und er ist die Versöhnung für unsere Sünden ..."* (V. 2,1-2a).

Das ganze Neue Testament betont immer wieder die Wirklichkeit und Endgültigkeit der Vergebung. Christen werden nicht aufgefordert, ständig und immer wieder um Vergebung zu bitten, sondern sie werden aufgefordert, in der Vergebung zu leben!

Ich möchte dies noch einmal an Herrn Meier deutlich machen. Der Scheck, den Herr Meier zur Deckung seiner Schuld bekommt, ist so hoch, dass er nicht nur die bisherigen Schulden von Herrn Meier deckt, sondern auch noch alle seine zukünftigen Schulden. Herr Meier geht nicht mit einem leeren Konto davon, sondern mit einem großen Guthaben!

Nun könnte man ja einwenden und sagen: Wenn das so ist, dann kann Herr Meier aber jetzt fleißig Schulden machen. Es ist ja alles bezahlt. Vielleicht könnte man sogar sagen: Je mehr Schulden Herr Meier macht, umso größer wird das, was der reiche Gönner ihm gegeben hat.

Wenn wir die Endgültigkeit und Größe der Vergebung so stark betonen, kann dies dann nicht dazu führen, dass manche

Christen jetzt einfach so „drauflos sündigen"? Schon Paulus hat diese Frage aufgegriffen. In Römer 6,1 schreibt er:

„Was sollen wir nun sagen? Sollen wir denn in der Sünde beharren, damit die Gnade umso mächtiger werde?"

Sollen wir, um es mit anderen Worten zu sagen, jetzt umso mehr sündigen, damit die Größe der Gnade Gottes noch deutlicher wird? Seine Antwort ist eindeutig:

„Das sei ferne! Wie sollten wir in der Sünde leben wollen, der wir doch gestorben sind?" (V. 2)

Paulus macht deutlich, dass ein solches Denken unmöglich ist. Er erinnert die Christen in Rom an ihre Taufe, jenes Ereignis, das den Beginn ihres geistlichen Lebens markierte. In dieser Taufe vollzogen sie einen Herrschaftswechsel. Ich habe es ja bereits deutlich gemacht, dass es nicht nur darum geht, die Vergebung zu akzeptieren, die Jesus uns anbietet, sondern dass wir Jesus zum Herrn unseres Lebens machen müssen.

Wie könnten wir, wenn wir wirklich begriffen haben, was Jesus für uns getan hat, dann noch einfach so drauflos sündigen? Wie könnten wir Sünde auf die leichte Schulter nehmen? Durch die Vergebung unserer Schuld ist ja noch etwas ganz anderes geschehen: Wir sind zu Kindern des lebendigen Gottes geworden. Da ist plötzlich eine ganz neue Beziehung, eine völlig andere Ausrichtung unseres ganzen Lebens entstanden. Und da ist die Bibel dann auch wieder ganz radikal. Auch das wird im 1. Johannesbrief sehr klar gezeigt. Hier macht Johannes deutlich, wie unmöglich es ist, dass wir uns als Christen mit Sünde in unserem Leben abfinden. Sünde gehört nicht mehr zu uns, wenn wir Kinder Gottes sind. Wie könnten wir als Gottes Kinder leben und uns gleichzeitig in Sünde wohlfühlen? Sicher, wir werden immer wieder Dinge tun, die Gott nicht gefallen. Solange wir Menschen sind, sind wir auch unvollkommen. Aber unsere Aufgabe ist und bleibt, dass wir dagegen angehen, dass wir Sünde ablegen und mit Gottes Hilfe ein anderes Leben führen lernen.

Ich will dies noch einmal am Beispiel von Herrn Meier deutlich machen und die Geschichte ein wenig verändern. Der reiche Gönner bietet Herrn Meier nicht nur einfach einen Scheck zur Begleichung seiner Schuld an. Er adoptiert Herrn Meier. Herr Meier ist nun nicht mehr einfach nur Herr Meier. Er ist Sohn des reichsten und mächtigsten Mannes der Welt!

Das verändert natürlich alles! Selbstverständlich ist auch jetzt alle Schuld von Herrn Meier bezahlt. Aber als Sohn und Erbe des reichsten Mannes der Welt ändert sich auch bei und in Herrn Meier alles. Es ist ja nun nicht mehr das Geld eines anderen, das er jetzt ausgibt, von dem er jetzt lebt. Es ist das Geld seines Vaters und letztlich sein eigenes Erbe.

Genau dies geschieht in unserem Leben. Wenn wir zu Gott kommen und ihn um Vergebung unserer Schuld bitten, wenn wir Jesus zum Herrn unseres Lebens machen, dann werden wir von neuem geboren. Wir werden zu Kindern des lebendigen Gottes. Wir dürfen „Abba, lieber Vater" zu Gott sagen. Das ändert alles! Nicht nur, dass unsere Schuld jetzt wirklich ein für alle Mal bezahlt und damit weg ist. Wenn wir jetzt sündigen, dann verändert dies nichts an der Tatsache, dass wir Gottes Kinder sind und dass alle unsere Schuld vergeben ist. Aber Sünde zerstört Beziehung, und zwar vor allem und zunächst die Beziehung zu Gott. Deshalb ist es durchaus richtig, dass wir Gott unsere Sünde bekennen. Aber eben nicht, damit sie uns vergeben wird, sondern damit unser Verhältnis zu Gott, unserem Vater im Himmel, wieder bereinigt wird.

VON GOTT ANGENOMMEN UND GELIEBT

Angenommen, wir würden aufgefordert, auf einen Zettel zu schreiben, wie uns Gott nach unserer Meinung jetzt gerade sieht. Was sieht Gott, wenn er uns jetzt ansieht? Was würden wir darauf schreiben? Vielleicht: „Gott sieht einen Sünder, der sich bemüht, nicht zu sündigen, es aber trotzdem immer wieder tut." Oder: „Gott sieht einen Heuchler, der einfach nicht so leben kann, wie er sollte." Oder vielleicht sogar: „Gott ist enttäuscht und angewidert von mir."

Ich glaube, dass an all diesen Antworten sicher manche richtige Aspekte sind. Aber trotzdem denke ich, dass die eigentlich richtige Antwort für alle, die Jesus Christus in ihr Leben aufgenommen haben, immer die gleiche Antwort ist. Sie lautet: „Gott sieht in mir sein Kind, das er unendlich liebt!"

Unser Problem ist oft, dass wir zwar theoretisch davon überzeugt sind, dass Gott uns liebt. Aber irgendwie glauben wir nicht, dass er uns wirklich so annimmt, wie wir sind. Gott muss doch sicher unsere negative Art, unsere aufbrausende Art, unsere die Probleme verharmlosende Art, unsere fehlende Liebe usw. ablehnen, oder nicht? Und dann lehnt er damit ja auch uns ab, oder nicht?

In den Augen Gottes sind wir genauso gerecht und angenommen wie Jesus Christus! Genau das behauptet nämlich die Bibel. In 2. Korinther 5,21 lesen wir:

„Denn er hat den, der von keiner Sünde wusste, für uns zur Sünde gemacht, damit wir in ihm die Gerechtigkeit würden, die vor Gott gilt."

In den Augen Gottes haben wir die Gerechtigkeit, die uns vor Gott wirklich gerecht macht! Dabei geht es nicht darum, dass Gott mit uns und unserem geistlichen Wachstum schon am Ziel ist. Es geht vielmehr darum, dass Gott uns wirklich ganz und gar angenommen hat! Wir meinen immer, wir müssten Gott durch unsere Leistungen zufrieden stellen. Aber das stimmt nicht. Wenn Gott uns ansieht, dann sieht er Jesus. Er wurde für uns zur Sünde gemacht. Im Gegenzug wurden wir vor Gott gerecht gemacht!

Durch diese Gerechtigkeit wurde unser Verhältnis zu Gott ein für alle Mal geklärt. Wir sind jetzt seine Kinder, die Beziehung zu ihm ist geregelt! Paulus schreibt in Römer 5,1:

„Da wir nun gerecht geworden sind durch den Glauben, haben wir Frieden mit Gott durch unseren Herrn Jesus Christus."

Wir leben im Frieden mit Gott. Wir sind von ihm angenommen. Alle unsere Schuld ist vergeben. Und wenn wir doch wieder sündigen, dann ist Jesus unser Fürsprecher bei Gott!

Dies ist die beste Voraussetzung, um jetzt wirklich mit ganzem Einsatz für Gott zu leben. Weil wir gerecht und angenommen sind, weil wir von Gott so geliebt werden, wie er seinen eigenen Sohn liebt, weil wir in Jesus einen ewigen Fürsprecher haben – deshalb sind wir frei, mit unserem ganzen Leben für Gott da zu sein. Nicht, *damit* Gott mit uns zufrieden ist, sondern *weil* er mit uns zufrieden ist. Nicht, *damit* Gott uns liebt, sondern *weil* er uns liebt.

OSTERN
Hoffnungsträger

Es war ein unendlich trauriger Anlass. Ein lieber Mensch, ein Bruder, ein guter Freund war gestorben. Lazarus war tot. Dabei hatten seine beiden Schwestern Maria und Marta doch vorher extra eine Abordnung zu Jesus geschickt und ihn gebeten, zu kommen und ihren Bruder zu heilen. Aber Jesus war nicht rechtzeitig gekommen. Er hatte sich Zeit gelassen. Und nun war Lazarus tot.

Später kam Jesus doch noch. Jetzt, wo alles zu spät war. Wie viele andere Menschen in Israel hatte er geheilt. Hätte er denn nicht auch seinen Freund Lazarus heilen können? Marta läuft Jesus entgegen. *„Herr, wärst du hier gewesen, mein Bruder wäre nicht gestorben"* (Joh 11,21), so klagt sie ihm ihr Leid. Und dann fährt sie fort: *„Aber auch jetzt weiß ich: Was du bittest von Gott, das wird dir Gott geben"* (V. 22).

Was meint sie damit? Hat sie noch Hoffnung? Worauf denn? Lazarus ist seit vier Tagen tot und längst begraben. Und doch hat Marta noch nicht alle Hoffnung aufgegeben. Vielleicht weiß sie nicht so recht, was sie von Jesus erwarten kann. Aber sie weiß, dass er in Gottes Vollmacht auf dieser Erde lebt. Deshalb verzweifelt sie nicht. Deshalb ist auch jetzt noch hinter dem ganzen Leid ein Stück Hoffnung zu sehen.

Jesus wendet sich dieser durch alle Verzweiflung hindurch hoffenden Marta zu und sagt: *„Dein Bruder wird auferstehen"* (V. 23). Irgendwie war das nicht das, was Marta erwartet hatte. Das wusste sie ja schon. Als fromme Jüdin glaubte sie daran, dass einmal alle Männer und Frauen Gottes auferstehen werden. *„Ich weiß"*, antwortet sie daher. *„Ich weiß wohl, dass er auferstehen wird – bei der Auferstehung am Jüngsten Tage"* (V. 24). Und man könnte noch fortführen: „Aber das ist jetzt, hier, in meinem Leid, keine wirkliche Hoffnung!"

In diesem Zusammenhang spricht Jesus die bekannten Worte: *„Ich bin die Auferstehung und das Leben. Wer an mich glaubt, der wird leben, auch wenn er stirbt; und wer da lebt und glaubt an mich, der wird nimmermehr sterben. Glaubst du das?"* (Joh 11,25-26)

AUFERSTEHUNG UND LEBEN

Jesus sagt von sich: „Ich bin die Auferstehung und das Leben." Aber Lazarus ist tot. Alle Hoffnungen sind begraben. Der Tod hat gesiegt über das Leben. So, wie er das bei jedem Menschen irgendwann einmal tut. Deshalb geht es hier auch nicht um irgendeine kurzfristige Hilfe. Jesus hat Lazarus wieder auferweckt. Wir kennen das. Wir wissen, wie die Geschichte weitergeht. Aber ich glaube, dass Jesus hier nicht davon spricht, dass Lazarus noch einmal zehn, 20 oder vielleicht 40, 50 Jahre weiterleben wird. Denn dann stirbt Lazarus ja doch.

„Hauptsache gesund" – so hört man ja oft. Und Gesundheit ist tatsächlich wichtig. Aber ist sie wirklich die Hauptsache? Denn was hilft uns alle Gesundheit letztlich? Eines Tages werden wir sterben. Der Tod ist unausweichlich. Er ist das Sicherste, was es auf dieser Welt überhaupt gibt. Gesundheit und ein langes Leben sind wertvolle Güter, und jeder, der sie erleben darf, kann darüber froh und glücklich sein. Aber sie können nicht die „Hauptsache" sein.

Wirkliche Erfüllung, wirkliche Hoffnung, wirklichen Sinn kann uns nur etwas geben, was über den Tellerrand dieses vergänglichen Lebens hinausreicht. Wenn Jesus hier von sich sagt, dass er die Auferstehung und das Leben ist, dann meint er dies: „Ich kann eurem Leben einen Sinn geben, der ewig ist. Ich kann eurem Leben Ewigkeit geben. Ich bin auch über den Tod hinaus verlässlich."

Auferstehung und Leben – das bedeutet für jeden Nachfolger Jesu, der stirbt, dass der Tod nicht das Letzte ist. Gott spricht das letzte Wort und sein Wort heißt Leben! Das, was Jesus hier von sich behauptet, ist schon ungeheuerlich! Und man könnte durchaus zu Recht fragen, worauf er diesen Anspruch eigentlich gründet. Marta jedenfalls glaubt ihm. Sie antwortet: *„Ja, Herr. Ich glaube, dass du der Christus bist, der Sohn Gottes, der in die Welt gekommen ist"* (V. 27).

Nur wenige Monate später stand dieser Anspruch Jesu auf dem Prüfstand. Jesus selbst war gestorben. Am Kreuz hatte man sich seiner entledigt. Qualvoll und verachtet war er aus dem Leben geschieden. Dabei hatte er doch von sich selbst behauptet, das Leben zu sein. Noch am Kreuz hatten ihn die Menschen an seinen Anspruch erinnert: *„Wenn du Gottes Sohn bist, … steig herab vom Kreuz!"* (Mt 27,40b). Aber nichts war geschehen. Jesus war gestorben und begraben worden. So wie damals sein Freund Lazarus.

Und jetzt? Was war geblieben von seiner Behauptung, die Auferstehung und das Leben zu sein? Konnte man jetzt doch nicht von einer Hoffnung sprechen, die über den Tod hinaus ging? War alles umsonst gewesen?

JESUS IST AUFERSTANDEN

Am dritten Tag nach seiner Kreuzigung geschah es. Das größte Wunder der Weltgeschichte wurde Wirklichkeit. Sicher, Lazarus war auferweckt worden. So wie vor ihm schon der junge Mann aus Nain oder der Sohn der Witwe aus Zarpat. Aber diese Auferweckungen waren ja kein grundlegender Eingriff in den Machtbereich des Todes, sondern nur ein Aufschub dieses letzten Schrittes, den wir alle einmal gehen müssen.

Bei Jesus war das anders. Als er auferstand, da erhielt er als Erster überhaupt einen neuen Körper. Einen Körper, der nicht mehr länger der Vergänglichkeit und dem Tod unterworfen ist. Die Bibel spricht von einer Verwandlung des Leibes und sie sagt, dass genau das, was hier mit Jesus geschehen ist, einmal mit uns geschehen wird, wenn wir Jesus glauben.

Hoffnungsträger – so heißt unser Thema. Hoffnungsträger, das sind Menschen, die eine Hoffnung in sich tragen, die über dieses Leben hinausgeht. Eine Hoffnung, die den Tod selbst überwindet. Wir haben als Christen eine solche Hoffnung. Und sie ist begründet in der Auferstehung von Jesus Christus.

Karfreitag ist nicht zu trennen von Ostern. Wer Karfreitag feiern will, ohne an Ostern zu denken, hat das Eigentliche übersehen. Ein sehr gebildeter Mann sagte einmal zu einem kleinen Mädchen, das an Jesus glaubte: „Mein armes, kleines Mädchen, du weißt ja nicht, an wen du glaubst. Es hat schon so viele Christusse gegeben. An welchen von ihnen glaubst du denn?" Das Mädchen antwortete: „Ich weiß, an welchen ich glaube! Ich glaube an den Christus, der von den Toten auferstanden ist!"

Am Kreuz starb Jesus für unsere Schuld und Sünde. Am Ostersonntag bestätigte Gott dieses Opfer seines Sohnes durch die Auferstehung. Weil Jesus lebt, gilt die Vergebung auch mir. Weil Jesus lebt, habe ich Hoffnung und Zukunft. Weil Jesus auferstanden ist, werde auch ich auferstehen. Weil Jesus auferstanden ist, sitzt er heute zur Rechten Gottes und tritt dort für mich ein. Ohne die Auferstehung, sagt Paulus, wären wir die Elendesten unter allen Menschen (1. Kor 15,19). Wir würden auf etwas hoffen, das doch nie eintritt.

Deshalb ist es so wichtig, immer wieder von der Auferstehung zu reden. Gerade in einer Zeit, in der selbst viele Theologen die Auferstehung leugnen, ist es umso wichtiger, dass wir davon reden. Wenn das Grab von Jesus nicht leer war, wenn seine Auferstehung nicht eine Wirklichkeit in unserer Welt und Zeit war, dann haben auch wir keine Hoffnung. Dann sind wir nicht Hoffnungsträger, sondern hoffnungslose Betrogene. Dann ist unser Glaube vielleicht ein Stück Lebenshilfe, aber hilflos angesichts von Trauer und Tod.

In Hannover befindet sich das Grab einer Adeligen, die vor über 100 Jahren lebte. Sie war als Atheistin bekannt und kämpfte vor allem gegen die Lehre von der Auferstehung. Sie starb schon mit etwa 30 Jahren. Vor ihrem Tod ordnete sie an, dass ihr Grab mit einer Granitplatte bedeckt werden sollte. Um das Grab herum sollten große Steinblöcke stehen und das Ganze sollte dann mit eisernen Klammern zusammengehalten werden. Auf der Abdeckung sollte stehen: „Diese Grabstelle ist für alle Ewigkeit gekauft! Sie darf nie geöffnet werden!" Auf diese Weise wollte sie sicherstellen, dass ihr Körper an keiner Auferstehung teilhaben würde. (Seltsam, wenn sie doch überhaupt nicht daran glaubte?)

Dann aber kam ein kleiner Birkensamen. Zwischen dem Grabstein und der Granitplatte begann er zu sprossen. Langsam aber sicher wuchs er und wurde größer, bis schließlich die eisernen Klammern zerbrochen waren und die Granitplatte verschoben war. Ein großer Baum entstand.

Es ist, als ob Gott sagen wollte: „Das Leben lässt sich nicht besiegen. Nicht der Tod wird das letzte Wort haben, sondern das Leben!" Wer hier auf Erden die Vergebung annimmt, die Gott ihm anbietet, der wird einmal wie Jesus auferstehen zum ewigen Leben. Wer hier ohne Jesus gelebt und ihn abgelehnt hat, auf den warten das Gericht Gottes und die ewige Trennung von Gott. Die Bibel nennt das „Hölle". Die Entscheidung darüber, an welchem Ort wir die Ewigkeit verbringen, treffen wir hier auf dieser Erde.

Christen leben in der Gewissheit, dass sie eine Zukunft haben. Aber diese Zukunft beginnt nicht erst nach unserem Tod, sondern schon hier und jetzt. Wir dürfen mit Jesus leben, mit ihm reden und mit seiner Gegenwart rechnen.

Ein letzter, kurzer Gedanke fehlt jetzt noch. Nachdem Jesus sein großes Wort von der Hoffnung gesagt hat, stellt er Marta eine wichtige Frage: *„Glaubst du das?"*

Diese Frage stellt Jesus auch uns heute. Glaubst du das? Bist du davon überzeugt, dass Jesus die Auferstehung und das Leben ist? Glaubst du, dass er selbst nicht im Grab geblieben ist, sondern als Erstling der Auferstehung in Gottes Reich gegangen ist?

Dabei geht es nicht nur darum, ob wir den Anspruch von Jesus für möglich halten oder nicht. Es geht nicht darum, ob wir die christliche Lehre von der Auferstehung für wahr halten oder nicht. „Glaubst du das?" – das geht tiefer. Das meint nicht unseren Kopf allein, sondern unser ganzes Leben.

Glaube ist Hingabe. Glaube ist ein Lebenskonzept, eine Lebensweise, nicht nur eine Überzeugung für die religiösen Stunden unseres Lebens, für Sonntage und die christlichen Feiertage. Es geht vielmehr darum, dass wir uns mit unserem ganzen Leben darauf einlassen, dass Jesus auch für uns die Auferstehung und das Leben ist.

Ich bin in einem christlichen Elternhaus aufgewachsen. Von klein auf ging ich in den Gottesdienst, in die Kinderstunden, in die Jung-schar und später in den Jugendkreis der Gemeinde. Wenn man mich gefragt hätte: „Glaubst du, dass Jesus auferstanden ist? Glaubst du, dass er die Auferstehung und das Leben ist?", dann hätte ich zu jeder Zeit meines Lebens mit einem klaren „Ja" geantwortet. Und doch habe ich mit etwa 14 Jahren plötzlich erkannt, dass dieser „Glaube" ziemlich oberflächlich war.

Mit meinem Alltag hatte er nicht viel zu tun. Auswirkungen auf mein Leben in der Schule, meinen Umgang mit Freunden und Mitschülern und Eltern, solche Auswirkungen hatte mein Glaube nicht. Ich merkte plötzlich, dass die Frage „Glaubst du das?" eine viel tiefere Dimension hatte. Es war die Frage nach dem, was mein Leben wirklich ausmacht. Was Grundlage von allem ist, was ich bin und tue.

Ich habe damals „Ja" zu Gott gesagt. Habe ihm mein Leben gegeben und Jesus zum Herrn meines Lebens gemacht. Und ich habe es seitdem nie bereut! Mein Leben ist nicht immer problemlos verlaufen. Ich habe nicht immer Gesundheit, Glück und Wohlstand erlebt. Auch Mangel, Leid, Krankheit und Tod gehören zu meinem Leben.

Aber seit damals weiß ich, dass mein Leben verankert ist in der Ewigkeit. Ich weiß, dass der Tod nicht das letzte Wort haben wird. Ich bin ein Hoffnungsträger geworden.

Darum geht es: Dass wir die Hoffnung der Ewigkeit in unserem Herzen tragen, und dass wir diese Hoffnung hinaus zu den Menschen unserer Umgebung bringen. Es geht darum, dass wir ein Zeichen der Hoffnung mitten in der Hoffnungslosigkeit unserer Zeit sind.

HIMMELFAHRT
Warum ist das wichtig?

Warum können eigentlich selbst viele Christen so wenig mit der „Himmelfahrt" von Jesus anfangen? In manchen Gemeinden gibt es nicht einmal einen Gottesdienst an diesem Tag! Ich habe bei der Vorbereitung meine Sammlung mit Predigtillustrationen durchsucht. Über 10.000 Beispielgeschichten sind da zurzeit enthalten. Aber „Himmelfahrt" kommt nicht einmal als Stichwort vor. Eine einzige Illustration enthielt zumindest das Wort „Himmelfahrt". Ich war etwas erstaunt und habe noch einmal das Internet aufgesucht. Ich war auf mehreren Seiten, auf denen man Predigtillustrationen findet – Fehlanzeige. Nirgendwo gab es etwas zum Thema „Himmelfahrt".

Das gleiche Bild zeigt sich auch, wenn wir unsere Liederbücher zur Hand nehmen. Da gibt es ja verschiedene Rubriken. Es gibt z. B. Lieder zu Advent, Lieder zu Weihnachten, Lieder zur Passion und Lieder zu Ostern. Aber dann ist Schluss. Himmelfahrt taucht in vielen Liederbüchern nicht auf! Pfingsten übrigens auch häufig nicht, aber das ist ein anderes Thema.

Als es noch die Sowjetunion gab, soll die Tageszeitung Prawda einmal von einem Ereignis berichtet haben, das inhaltlich irgendetwas mit Himmelfahrt zu tun hatte. Der Redakteur konnte offensichtlich nichts damit anfangen und schrieb daher kurzerhand: „Tag der Luftfahrt". Na ja, wenn man es genau bedenkt, ist es auch nicht ganz falsch ...

In unserer westlichen Gesellschaft hat Himmelfahrt eigentlich nur noch eine Bedeutung: Es ist schlicht und einfach Vatertag. Schließlich gibt es ja auch einen Muttertag, also hier jetzt einen „Vatertag". In den neuen Bundesländern spricht man übrigens mehr vom „Männertag", was aber keinen größeren inhaltlichen Unterschied macht. Wenn man an Himmelfahrt Radio hört, wird man viel über den Vater- bzw. Männertag erfahren. Dass an diesem Tag außerdem Himmelfahrtstag ist, erwähnen viele Moderatoren nur am Rand – wenn überhaupt. Ein Moderator sagte einmal: „Für die einen ist heut ChristiHimmelfahrt, für die anderen Papis Bollerwagenfahrt." Und wenn man sich die offiziellen kirchlichen Verlautbarungen zu diesem Tag anhört, wird es auch nicht viel besser. Da verglich ein Geistlicher aus Köln z. B. die Himmelfahrt Christi mit den Berichten über eine Entrückung des Romulus, jenem sagenhaften Gründervater Roms. In der Antike, so der Geistliche, sei es eben üblich gewesen, große Persönlichkeiten nach ihrem Tod mit einem „Himmelfahrtsbericht" zu ehren.

Da muss man sich eigentlich nicht wundern, wenn Nichtchristen mit „Himmelfahrt" nichts anfangen können, wenn selbst offizielle Vertreter der Kirche erklären, Himmelfahrt sei in Wirklichkeit überhaupt nicht passiert.

Die Bibel ist da ganz anderer Ansicht. Sie berichtet davon, dass Jesus damals wirklich in den Himmel aufgefahren ist. Nur – was bedeutet dieses Ereignis? Ist Himmelfahrt einfach nur die Erinnerung an die Rückkehr von Jesus in den Himmel? Jesus ist eben in den Himmel aufgefahren, ist in die Gegenwart Gottes zurückgekehrt. Das war's?

Ich glaube, dass „Himmelfahrt" eine viel größere Bedeutung hat. Jesus ist nicht nur in den Himmel zurückgekehrt, sondern mit der Himmelfahrt sind vier ganz zentrale biblische Wirklichkeiten verbunden. Himmelfahrt bedeutet:

1. Jesus herrscht jetzt als König,
2. Jesus tritt jetzt für uns bei Gott ein als unser Fürsprecher,
3. Himmelfahrt hat sehr viel mit dem Auftrag zur Mission zu tun, den Jesus uns, seinen Jüngern, gegeben hat,
4. Himmelfahrt spricht eindrücklich von der Wiederkunft Jesu.

JESUS CHRISTUS HERRSCHT ALS KÖNIG

Paulus schreibt in Epheser 1,18-22:

„Und er gebe euch erleuchtete Augen des Herzens, damit ihr erkennt, zu welcher Hoffnung ihr von ihm berufen seid, wie reich die Herrlichkeit seines Erbes für die Heiligen ist und wie überschwänglich groß seine Kraft an uns, die wir glauben, weil die Macht seiner Stärke bei uns wirksam wurde, mit der er in Christus gewirkt hat. Durch sie hat er ihn von den Toten auferweckt und eingesetzt zu seiner Rechten im Himmel über alle Reiche, Gewalt, Macht, Herrschaft und alles, was sonst einen Namen hat, nicht allein in dieser Welt, sondern auch in der zukünftigen. Und alles hat er unter seine Füße getan und hat ihn gesetzt der Gemeinde zum Haupt über alles.“

Himmelfahrt bedeutet, dass Jesus von Gott eingesetzt wurde als König aller Könige und Herr aller Herren. Durch seinen Tod am Kreuz hat er Sünde, Tod und Teufel besiegt. Durch die Auferstehung hat Gott dies bestätigt. Und in der Himmelfahrt schließlich setzt der Vater seinen Sohn in die himmlische Machtfülle ein. Jesus sitzt an „der rechten Seite" oder „zur Rechten" Gottes. In der damaligen Welt war dies ein Bild dafür, dass jemand die ausführende Gewalt übertragen bekam. Die „rechte Hand" von jemandem zu sein, bedeutet ja auch heute bei uns noch so etwas Ähnliches. Damals war damit gemeint, dass jemand die Vollmacht erhielt, im Namen und Auftrag des Königs zu regieren. Alle Macht des Königs wurde ihm übertragen. Himmelfahrt heißt also, dass Jesus von Gott als Herrscher eingesetzt wurde.

Ich möchte es einmal an einem Beispiel deutlich machen. Da ist ein Volk, das durch ein anderes unterdrückt und geknechtet wird. Der rechtmäßige Thronfolger ist in der Verbannung. Dann aber kommt er und führt sein Volk zum Sieg. Nach diesem Sieg schließlich findet seine Krönung zum König statt. Er wird in sein Königtum eingesetzt. Himmelfahrt ist die Einsetzung von Jesus in sein himmlisches Königtum.

Nach Kreuzigung, Auferstehung und Himmelfahrt ist alles anders, im Himmel und auf der Erde. Paulus sagt, dass Jesus jetzt *„über allen unsichtbaren Mächten und Gewalten thront, über allem, was irgend Rang und Namen hat, in dieser Welt und auch in der kommenden"* (V. 21). Das alte Kirchenlied „Jesus Christus herrscht als König" ist also eigentlich ein Himmelfahrtslied.

Die alles entscheidende Frage lautet daher: Ist Jesus auch unser König und Herr? Die Bibel macht deutlich, dass sich einmal alle Knie vor ihm beugen müssen. Alle werden seine Macht und Herrschaft anerkennen. Die einen werden es gerne und froh tun, die anderen gezwungenermaßen. Zu welcher Gruppe man gehört, entscheidet sich hier und heute. Jesus ist der Herr. Er ist der König. Wenn er auch *unser* Herr und König ist, dann gilt auch das nächste für uns, was seit Himmelfahrt Wirklichkeit geworden ist:

JESUS IST UNSER FÜRSPRECHER BEI GOTT

Paulus schreibt in Römer 8,33-34:

„Wer will die Auserwählten Gottes beschuldigen? Gott ist hier, der gerecht macht. Wer will verdammen? Christus Jesus ist hier, der gestorben ist, ja vielmehr, der auch auferweckt ist, der zur Rechten Gottes ist und uns vertritt."

Jesus ist gestorben, er ist auferweckt worden und er hat seinen Platz an Gottes rechter Seite eingenommen. Darüber haben wir bisher nachgedacht. Hier geht Paulus nun aber noch einen Schritt weiter und sagt, was dies für die Menschen bedeutet, die Jesus zum Herrn ihres Lebens gemacht haben, „der zur Rechten Gottes ist und uns vertritt". Was bedeutet das?

Johannes schreibt es in seinem ersten Brief so:

„Und wenn jemand sündigt, so haben wir einen Fürsprecher bei dem Vater, Jesus Christus, der gerecht ist." (1. Joh 2,1)

Wenn Jesus mein Herr und König ist, wenn ich ihm nachfolge, dann gilt dies auch für mich. Seine Vergebung ist nicht nur etwas, das unsere vergangenen Sünden betrifft. Sie gilt auch heute. Jesus ist unser Fürsprecher beim Vater, seine Vergebung gilt für gestern, heute und morgen!

Halten wir es fest: Himmelfahrt bedeutet 1. dass Jesus jetzt Herr aller Herren und König aller Könige ist, dass er auf dem Herrschaftsthron zur Rechten Gottes sitzt und regiert. Und Himmelfahrt bedeutet 2. dass er dort Fürsprecher ist für alle, die zu ihm gehören, dass er uns dort vor Gott vertritt. Himmelfahrt ist daher ein Ereignis, über das wir uns wirklich von ganzem Herzen freuen können!

Aber Himmelfahrt bedeutet noch mehr, wie wir aus dem Bericht in Apostelgeschichte 1,4-11 über dieses Ereignis sehen können:

„Und als er mit ihnen zusammen war, befahl er ihnen, Jerusalem nicht zu verlassen, sondern zu warten auf die Verheißung des Vaters, die ihr, so sprach er, von mir gehört habt; denn Johannes hat mit Wasser getauft, ihr aber sollt mit dem heiligen Geist getauft werden nicht lange nach diesen Tagen. Die nun zusammengekommen waren, fragten ihn und sprachen: Herr, wirst du in dieser Zeit wieder aufrichten das Reich für Israel? Er sprach aber zu ihnen: Es gebührt euch nicht, Zeit oder Stunde zu wissen, die der Vater in seiner Macht bestimmt hat; aber ihr werdet die Kraft des heiligen Geistes empfangen, der auf euch kommen wird, und werdet meine Zeugen sein in Jerusalem und in ganz Judäa und Samarien und bis an das Ende der Erde. Und als er das gesagt hatte, wurde er zusehends aufgehoben, und eine Wolke nahm ihn auf vor ihren Augen weg. Und als sie ihm nachsahen, wie er gen Himmel fuhr, siehe, da standen bei ihnen zwei Männer in weißen Gewändern. Die sagten: Ihr Männer von Galiläa, was steht ihr da und seht zum Himmel? Dieser Jesus, der von euch weg gen Himmel aufgenommen wurde, wird so wiederkommen, wie ihr ihn habt gen Himmel fahren sehen."

Zwei Dinge sehen wir in diesem Text: 1. Jesus sendet seine Jünger in diese Welt und 2. Jesus wird wiederkommen.

JESUS SENDET UNS

Himmelfahrt hat sehr viel mit Mission zu tun. Nur weil Jesus durch seine Himmelfahrt als König aller Könige und Herr aller Herren eingesetzt wurde, konnte er seinen Jüngern im Missionsbefehl versprechen: *„Mir ist gegeben alle Gewalt im Himmel und auf Erden"* und *„Ich bin bei euch alle Tage bis an der Welt Ende"* (Mt 28,18.20). Und auch bei seiner Himmelfahrt macht er noch einmal den Auftrag seiner Jünger deutlich. Wenn er im Himmel ist, wird der Heilige Geist kommen und die Jünger zu Boten der guten Nachricht machen.

Jesus, der Stellvertreter Gottes hier auf Erden, der Menschenfischer, der Missionar des Reiches Gottes, kehrt in den Himmel zurück. Aber er gibt den Auftrag weiter an seine Jünger, an uns alle, wenn wir ihm nachfolgen. Auf dem Weltmissionstag 1983 sagte der spätere Generalsekretär des CVJM, Ulrich Parzany: „Das größte Problem Gottes mit der Weltmission sind die Christen". Er meinte damit zum einen die, die sich „Christen" nennen, aber Gottes Herrschaft in ihrem eigenen Leben nicht anerkennen. Aber dann auch diejenigen, die zwar Christen sind, aber nichts dazu beitragen, dass Menschen zum Glauben an Jesus kommen.

Jesus hat sehr deutlich gemacht, dass sein Auftrag bis an das Ende der Erde gilt. So schnell sind wir zufrieden mit unserem persönlichen Heil. Wir haben Jesus zu unserem Herrn gemacht und freuen uns darüber, dass er nun unser Fürsprecher im Himmel ist. Aber ist uns eigentlich bewusst, dass Menschen um uns herum verloren gehen, in die ewige Hölle gehen, wenn wir sie nicht durch unser Zeugnis zu Jesus führen?

Sicher – viele wollen nicht. Aber versuchen wir es überhaupt? Ist es uns überhaupt ein Anliegen, ein Problem? Wir sind ja überall mit Menschen zusammen, die Jesus nicht kennen. In der Schule, auf der Arbeit, im Sportverein, bei Festen und Feierlichkeiten, in der Verwandtschaft und Bekanntschaft. Beten wir für diese Menschen? Beten wir, dass sie zu Jesus finden? Allzu schnell erschöpft sich unser missionarisches Engagement in den evangelistischen Aktionen, die unsere Gemeinde hin und wieder durchführt. Aber was ist mit den Menschen, die in unserer Nachbarschaft wohnen?

Seit Jesus nicht mehr auf dieser Erde ist, sind wir an seiner Stelle Botschafter Gottes. In 2. Korinther 5,20 sagt Paulus:

„So sind wir nun Botschafter an Christi statt, denn Gott ermahnt durch uns; so bitten wir nun an Christi statt: Lasst euch versöhnen mit Gott!"

Stellvertreter Christi auf Erden – das sind wir, du und ich, jeder, der bewusst mit Jesus lebt. Himmelfahrt bedeutet, dass wir nun an der Stelle von Jesus in diese Welt gesandt sind.

Übrigens, Paulus sagt nicht, dass wir Botschafter sein sollen, sondern dass wir es sind. Wir sind entweder gute oder schlechte Botschafter, aber wir sind Botschafter. Gott hat uns gesandt. Auch in Apostelgeschichte 1 sagt Jesus nicht, dass wir seine Zeugen sein sollen, sondern dass wir es sein werden: *„Ihr werdet meine Zeugen sein"* (V. 8). Je ernster wir dies nehmen, je mehr es uns ein wirkliches Anliegen ist, Menschen zu Jesus zu führen, umso mehr kann er genau dies dann auch durch uns tun.

Himmelfahrt hat also mit Mission zu tun, mit „Sendung" (Mission ist ja eigentlich das Fremdwort für „Sendung"). Vielleicht will Gott von dir, dass du irgendwo auf dieser Welt als Missionar tätig werden sollst. Hast du ihn eigentlich schon einmal gefragt, ob das sein Auftrag für dein Leben ist? Schließlich gilt es für alle Nachfolger Jesu, dass sie seine Zeugen sein werden – in der unmittelbaren Nähe (Jerusalem und Galiläa), in der weiteren Umgebung (Samarien) oder irgendwo auf dieser Welt (bis ans Ende der Erde). Es gab eine Zeit in meinem Leben, da habe ich Gott gefragt, ob ich hier in Deutschland bleiben oder irgendwo auf dieser Welt in die Mission gehen soll. Hast du Gott diese Frage jemals gestellt? Vielleicht will Gott, dass du eine Bibelschulausbildung machst und dich ihm dann vollzeitlich zur Verfügung stellst.

Himmelfahrt hat also mit Mission zu tun. Jesus, der Herr aller Herren und König aller Könige, der für seine Nachfolger vor Gott im Himmel eintritt, hat uns in diese Welt gesandt als seine Boten, als Botschafter der guten Nachricht von Gottes Liebe. Dieser Auftrag gilt, bis er selbst wiederkommt. Und damit bin ich beim vierten und letzten Punkt. Himmelfahrt spricht davon, dass Jesus wiederkommt.

JESUS KOMMT WIEDER

Noch einmal lesen wir Apostelgeschichte 1,11. Dort sagen die Engel zu den Jüngern: *„Dieser Jesus, der von euch weg gen Himmel aufgenommen wurde, wird so wiederkommen, wie ihr ihn habt gen Himmel fahren sehen!"*

Die Jünger hatten Jesus gefragt, wann er die Herrschaft Gottes in Israel wieder aufrichten werde (V. 6). Wie sie damals haben sich alle Generationen von Christen danach gesehnt, zu wissen, wann Jesus wiederkommt. Jesus macht sehr deutlich, dass dies nur Gott selbst weiß und dass es für uns nicht wichtig ist, Gottes Zeitplan zu kennen. Er sagt: *„Es gebührt euch nicht, Zeit oder Stunde zu wissen, die der Vater in seiner Macht bestimmt hat"* (Apg 1,7).

Wir wüssten zu gerne Näheres. Nun, natürlich hat Jesus viele Dinge gesagt, die vor seiner Wiederkunft geschehen werden. Aber immer wieder wird deutlich, dass es dabei nicht darum geht, seine Wiederkunft exakt zu bestimmen, sondern darum, uns darauf vorzubereiten, wann auch immer dieses Ereignis eintreten wird. Seit 2000 Jahren steht das „Siehe, ich komme bald" im Raum. Seit 2000 Jahren warten Christen darauf, dass Jesus so wiederkommt, wie er damals in den Himmel aufgefahren ist.

William Barclay hat einmal gesagt: *„Die beste Vorbereitung für die Wiederkunft Christi ist, niemals die Gegenwart Christi zu vergessen."*

Unser Augenmerk soll nicht darauf gerichtet sein herauszufinden, wann Jesus wiederkommen wird. Es geht vielmehr darum, in jedem Augenblick mit ihm und für ihn zu leben. Dann wird seine Wiederkunft auch nicht Erschrecken, sondern Freude bei uns auslösen.

Jesus kommt wieder! Das bedeutet, dass er der Herr auch der Geschichte ist. Durch seine Himmelfahrt ist er von Gott eingesetzt worden als König über alles. Und als König wird er eines Tages wiederkommen. Helmut Thielicke, der große deutsche Theologe, hat einmal gesagt: „Wir wissen nicht, was kommt, aber wir wissen, wer kommt!" Jesus kommt wieder – das bedeutet nicht, dass in unserem Leben alles glatt gehen wird, sondern dass Jesus immer bei uns ist. Am Ende steht auf jeden Fall Jesus als der Sieger. Jesus kommt wieder – das kann mich heute trösten, das kann mir helfen, mit meinem Nöten und Schwierigkeiten fertig zu werden, das kann mich auch motivieren, von ihm weiterzusagen.

PFINGSTEN
Begeistert

Während noch relativ viele wissen, worum es Ostern geht, ist die Unkenntnis über Himmelfahrt und Pfingsten besonders groß. So wurde vor einiger Zeit in einer Umfrage einer großen Fernsehzeitschrift die Frage untersucht, was „Pfingsten" bedeute und warum dieses Fest gefeiert werde. Dabei kam Erstaunliches zutage:

16 % meinen, Jesus sei an Pfingsten auferstanden, 3 % halten das Fest für den Kreuzigungstermin. Jeder Zehnte glaubt, Maria sei an dem Tag in den Himmel aufgefahren. 23 % machen keine Angaben. Nur 48 % der Befragten gab zur Antwort, dass Pfingsten etwas mit dem Heiligen Geist zu tun habe. Und wenn wir jetzt diese 48 % fragen würden, was das denn nun bedeute, was oder wer der Heilige Geist eigentlich sei und was er in den Christen bewirke, dann würden wir vermutlich weitere sehr seltsame Antworten bekommen! Und zwar nicht nur von den Menschen, die mit Gott und Kirche nichts am Hut haben, sondern auch von denen, die Sonntag für Sonntag im Glaubensbekenntnis sagen: „Ich glaube an den Heiligen Geist."

Natürlich würden wir auch sehr gute Antworten bekommen. Eine solche Antwort hat Peter Hahne einmal auf eine Umfrage des Deutschen Allgemeinen Sonntagsblattes geschrieben:

„Ich weiß, wo ich Trost finde, denn der Heilige Geist ist der Tröster. Ich weiß, wo Kraft und Mut herkommen, wenn Ohnmacht und Resignation mich überkommen. Der Heilige Geist ist Gottes große Lokomotive. Er ist weder heilige Begeisterung noch Wohlfühl-Fluidum, sondern ruft in den Gehorsam gegen Gott und seinen Willen. Er ist personhafte Wirklichkeit, die ich erbeten und anbeten kann. Der Heilige Geist gehört zu uns Christen wie der Motor zum Auto."

Hahne schreibt dem Heiligen Geist da eine Menge Dinge zu: Er tröstet, gibt Kraft und Mut, hilft zum Gehorsam gegen Gott. Ich glaube, dass das genau die Dinge sind, die wir in der Bibel über den Heiligen Geist finden.

Was bedeutet der Heilige Geist für uns Menschen eigentlich? Was hat der Heilige Geist damals in den ersten Christen bewirkt, und – noch wichtiger – was bewirkt er heute in uns? Wer oder was ist eigentlich der Heilige Geist? Und was tut er in uns?

Wir wollen uns diesen Fragen in drei Schritten nähern.
1. Der Heilige Geist – der Erneuerer,
2. Der Heilige Geist – der Zurechtbringer und
3. Der Heilige Geist – der Tröster.

Nach seiner leibhaftigen Auferstehung ist Jesus ja als Gott und Mensch in den Himmel aufgefahren und wurde dort von Gott zum Herrn über alles eingesetzt. Himmelfahrt ist, wie wir gesehen haben, so etwas wie ein „Thronbesteigungsfest". Jesus wurde eingesetzt „als Sohn Gottes in Kraft" (Röm 1,4).

Jesus ist also der erste Mensch, der mit seinem neuen Leib im Himmel ist. Natürlich ist er auch immer noch Gott. Aber eben nicht nur. Er ist für immer 100 % Gott und 100 % Mensch geworden.

Und wir? Was ist denn unser Ziel als Christen? Kann man das auf einen Nenner bringen? Johannes beschreibt dieses Ziel in 1. Johannes 3,2 mit den Worten: Wir „werden ... ihm gleich sein". Paulus schreibt, dass wir schrittweise verwandelt werden „in sein Bild" (2. Kor 3,18). Und in Römer 8,29 lesen wir: „Denn die er ausersehen hat, die hat er auch vorherbestimmt, dass sie gleich sein sollten dem Bild seines Sohnes, damit dieser der Erstgeborene sei unter vielen Brüdern."

Das Ziel, auf das wir zusteuern, ist also, dass wir einmal wie Jesus sein werden. Das macht das Neue Testament ganz klar. Jesus soll der „Erstgeborene" sein „unter vielen Brüdern" und Schwestern. Der Erstgeborene hat immer ein Vorrecht. Vor allem in diesem Fall, denn nur durch seine Erniedrigung und Menschwerdung und durch seinen Tod am Kreuz hat Jesus für uns überhaupt erst die Möglichkeit geschaffen, wie er zu werden.

Aber wie soll das gehen? Jesus ist Gott und Mensch. Und wir sind doch nur Menschen! Wie könnten wir jemals werden wie er? Brüder und Schwestern von Jesus sein? Genau an dieser Stelle wird Pfingsten wichtig. Pfingsten kam der Heilige Geist in diese Welt, um etwas Neues zu schaffen. Etwas, das es bisher noch nicht gab. Auch bisher schon hatte Gott durch seinen Geist an Menschen gewirkt. Aber jetzt geschah etwas qualitativ völlig Neues:

DER HEILIGE GEIST – DER ERNEUERER

In einer Bedienungsanleitung zu den Automaten des Stuttgarter Verkehrsverbundes gibt es einen interessanten Satz. Er lautet:

„Mit der Taste ‚C‘ löschen Sie alle bisherigen Eingaben und können noch einmal ganz neu anfangen."

Das wäre es doch, oder? Ein uralter Menschheitstraum – noch einmal ganz neu anfangen können. Nur dass es für unser menschliches Leben eine solche Taste „C" nicht gibt – oder?

Und was würde es helfen, wenn wir neu anfangen könnten? Würden wir es wirklich besser machen? Oder nur anders? Ich stelle mir vor, wir hätten alle die Chance, mit unserem Leben einen zweiten Start hinzulegen. Wir wüssten, was wir alles falsch gemacht haben. Würde es wirklich beim zweiten Mal besser werden?

Ich fürchte: nein! Wie gesagt, wir würden vieles anders machen. Aber besser? Um es wirklich besser zu machen, müsste sich in uns etwas radikal und grundlegend ändern. Woher kommen denn alle die schlechten Gedanken und Taten unseres Lebens? Doch nicht aus den Umständen oder aus fehlerhaftem Denken. Das könnte man ja beim zweiten Versuch wirklich korrigieren.

Das eigentliche Problem in unserem Leben sind wir doch letztlich alle selbst! Unser Herz, unser Lebenszentrum – da liegt das Problem. Da, in unserem Kern, da sind wir nämlich alle zutiefst Egoisten. „Jeder denkt an sich, nur ich denk an mich ....“ Selbst da, wo wir uns so verhalten, als seien der andere und sein Wohlergehen uns wichtig, selbst da sind wir oft genug letztlich nur um uns selbst besorgt. Warum überlasse ich denn dem anderen das größere Stück Fleisch? Es gibt nur drei Möglichkeiten: 1. Ich bin schon satt, 2. Ich mag kein Fleisch und 3. Ich möchte nicht als der da stehen, der egoistisch ist. Alles letztlich sehr egoistische Gründe!

Die Bibel kennt ein Bild für dieses Problem. Sie spricht von einem Herzen aus Stein, das wir in uns tragen. Es ist, als ob es da tief in uns drin eine ungeheure Verhärtung gibt. Ich, ich, ich – das ist das Lebenslied, das da gespielt wird. Man könte das Bild auch ganz gut in unsere moderne Welt übertragen. Nehmen wir einmal an, jemand hat ein schönes Auto. Aber der Motor hat einen Kolbenfresser. Man kann das Auto noch hin- und herschieben, kann sich auch hineinsetzen und – zumindest für eine Zeit lang – das Licht anmachen oder Radio hören. Aber mit Schwung durch die nächste Kurve oder über den nächsten Hügel – das geht nicht mehr. Nur bergab kann sich dieses Auto noch vorwärts bewegen.

So geht es uns Menschen von Geburt an. Wir haben nicht die Kraft in uns, andere Menschen so zu lieben, dass wir selbst dabei in den Hintergrund treten. Und deswegen haben andere Menschen und letztlich auch Gott keine Chance. Deshalb gibt es Streit und Missgunst und Neid und alle anderen Formen von Sünde. Und deshalb wäre ein neuer Anfang auch nicht genug. Denn in uns drin, an unserem Herzen, da müsste sich was ändern. Das alte, steinerne Herz, das müsste durch ein neues, fleischernes Herz ersetzt werden, ein Herz, das sich kümmert, das Liebe übt, für das Gott und der Nächste wichtig sind.

Genau das hat schon der Prophet Hesekiel im Alten Testament angekündigt. Er schreibt:

„Und ich will euch ein neues Herz und einen neuen Geist in euch geben und will das steinerne Herz aus eurem Fleisch wegnehmen und euch ein fleischernes Herz geben. Ich will meinen Geist in euch geben und will solche Leute aus euch machen, die in meinen Geboten wandeln und meine Rechte halten und danach tun." (Hes 36,26-27)

Gott will seinen Geist in das Leben von Menschen geben. Dieser Geist Gottes soll und kann für eine wirkliche, echte Erneuerung sorgen. Denn das ist der Heilige Geist – ein Erneuerer. Nicht nur eine Kraft, die uns einen neuen Anfang ermöglicht, sondern der Heilige Geist selbst kommt in unser menschliches Leben, wird sozusagen zu dem neuen, fleischernen Herz in uns. Wir dürfen neu anfangen mit einer ganz neuen Kraft, einer ganz neuen Ausrichtung!

Genau das ist an Pfingsten geschehen. Da waren die Jünger Jesu zusammen. Sie waren ein verängstigter, kleiner Kreis. Hinter verschlossenen Türen versammelten sie sich. Sie trauten sich nicht hinaus in die Öffentlichkeit. Aber dann kam Gottes Geist in sie hinein. Gott selbst war plötzlich in ihrem Leben. Denn der Heilige Geist ist nicht nur irgendeine unpersönliche Kraft. Er ist Gott selbst, eine Person der Dreieinigkeit.

Und dieser Heilige Geist veränderte die Menschen grundlegend. Aus verängstigten und verunsicherten Jüngern Jesu wurden vollmächtige Zeugen des auferstandenen Jesus. Sie öffneten die Türen, gingen hinaus und fingen alle an, von Jesus Christus zu erzählen.

Der Heilige Geist, das ist Gottes Lebenskraft in uns. Ein ganz neuer Motor, wie Peter Hahne das formuliert hat. Es ist, als würde der alte Motor, der – wie man so schön sagt – „seinen Geist aufgegeben hat", der mit einem Kolbenfresser liegen geblieben ist, durch einen ganz neuen Motor ausgetauscht. Jetzt geht es wieder los. Jetzt können die Kurven und Berge kommen!

Das ist ein Neuanfang! Nicht einfach nur ein zweiter Start, sondern ein zweiter Start mit ganz anderen Voraussetzungen!

Seit Pfingsten haben das Christen immer wieder erlebt. Das ist sozusagen die Taste ‚C‘, die ihrem Leben eine Richtung und Kraft gegeben hat, die vorher undenkbar waren.

Die Bibel nennt dieses Ereignis „Wiedergeburt". Wir werden dadurch zu geborenen Kindern Gottes. Das Bild der Adoption greift daher hier zu kurz. Gott adoptiert uns nicht nur im äußerlichen Sinn. Er adoptiert uns, indem er uns auch wirklich von innen heraus zu seinen Kindern macht. Das Neue Testament spricht davon, dass wir den Heiligen Geist als Erstlingsgabe bekommen haben, sozusagen wie eine Anzahlung auf das, was noch kommt. Der Heilige Geist, das ist ja Gott selbst. Und Gott selbst wird bei der Wiedergeburt zu einem Teil unseres Lebens. Der Heilige Geist, das ist das neue Herz in uns, die Versiegelung, die deutlich macht: Das gehört jetzt Gott! Und nur weil das so ist, können wir auch dieses ungeheuer hohe Ziel vor uns haben: Wir werden einmal sein wie Jesus, Brüder und Schwestern von ihm, dem Erstgeborenen.

DER HEILIGE GEIST – DER ZURECHTBRINGER

Jesus hat seinen Jüngern noch vor seinem Tod angekündigt, dass er ihnen, wenn er zu Gott in den Himmel zurückgekehrt ist, den Heiligen Geist schicken wird. Er bezeichnet ihn dabei mit einem griechischen Begriff, der eigentlich doppeldeutig ist. Der Heilige Geist, sagt Jesus, ist der *paraklätos*. Dieses Wort meint sowohl „*zurechtbringen*", „*ermahnen*" als auch „*trösten*". In diesem zweiten Teil möchte ich über das „Zurechtbringen" reden, im dritten dann über das „Trösten".

Auch erneuerte Menschen, denen Gott ein fleischernes Herz gegeben hat, in denen sein Geist wohnt, machen Fehler. Noch ist ja nicht alles neu geworden, noch leben sie als Menschen, die sündigen können. Da ist es gut, dass der Heilige Geist in uns auch der

Zurechtbringer ist. Immer wieder habe ich es erfahren, wir mir plötzlich bewusst wurde, dass mein Verhalten nicht in Ordnung war und ich es ändern musste.

Vor einiger Zeit hatte ich einen Zusammenstoß. Nicht mit meinem Auto oder in körperlich spürbarer Form, sondern verbal. Ich hatte mich über etwas geärgert und war dabei auch laut geworden. Da plötzlich wurde ich von jemandem, der eigentlich überhaupt nicht betroffen war, in einer Art und Weise angegriffen und „zusammengefaltet", dass ich wirklich getroffen war. Das war nicht in Ordnung. Ich hatte mich geärgert, ja. Ich war auch laut geworden, ja. Aber ich hatte niemanden persönlich angegriffen und mich bemüht, niemanden zu verletzen. Und dann wurde ich derart heftig angegangen – das war schon wirklich verletzend.

Und ich war auch verletzt. Ich habe danach kein Wort mehr mit der betreffenden Person gesprochen, wenn ich es vermeiden konnte. Normalerweise kann ich niemandem lange böse sein. Spätestens ein paar Stunden danach ist bei mir der Ärger verraucht. Und wenn sich dann irgendwann der andere entschuldigt, weiß ich gewöhnlich überhaupt nicht mehr, warum und was passiert war. Diese Form der Vergesslichkeit ist ein Segen, für den ich sehr dankbar bin. Aber in diesem Fall war es nicht so. Jedes Mal, wenn ich an diese Person dachte, stieg etwas in mir auf, was ich nur mit dem Begriff „Hass" bezeichnen kann (obwohl ich mich sehr bemüht habe, dieses Wort irgendwie zu vermeiden). Dann saß ich eines Morgens in meiner Stillen Zeit da. Mir ging es irgendwie nicht gut. Ich war total im Stress und fühlte mich innerlich ziemlich ausgelaugt.

Ich schlug die Losungen auf. Das mache ich eigentlich jeden Morgen seit vielen Jahren. Ich lese dann auch einen Abschnitt der Bibel (zurzeit fortlaufend), aber die Losungen gehören irgendwie dazu. Dabei bin ich keineswegs der Meinung, dass das, was da steht, so eine Art christliches Horoskop wäre. Aber es geschieht hin und wieder, dass mir dabei ein Bibeltext ganz direkt ins Auge und ins Herz springt. An diesem Morgen war es so. Ich war fertig, irgendwie innerlich leer.

Und dann las ich Jesaja 59,2b: *„... eure Sünden verbergen sein Angesicht vor euch, dass ihr nicht gehört werdet."*

Zuerst habe ich gedacht: Welche Sünden? Die sind doch alle vergeben. Und das ist auch so! Wer von neuem geboren ist, dem sind alle Sünden vergeben. Die vergangenen, die gegenwärtigen und auch die zukünftigen. Und doch gibt es eine Seite der Sünde, die davon nicht betroffen ist. Sünde belastet nämlich die Beziehung zu Gott. Und das war mein Problem.

Als ich mich daher fragte, welche Sünden gemeint sein könnten, wurde mir beinahe sofort klar: meine mangelnde Vergebungsbereitschaft. Ich hatte mir geschworen, dieser Person erst zu vergeben, wenn sie sich bei mir entschuldigen würde. Schließlich war es nicht das erste Mal, dass ich von ihr so angefahren worden war. Und was bildete sie sich überhaupt ein? Sie hatte mich ja noch viel ungerechter behandelt als ich mit meinem Gefühlsausbruch die anderen.

Aber mir wurde klar, dass das alles keine Rolle spielt. Wenn sich ein Mensch bekehrt, vergibt Gott ihm durch Jesus seine Schuld vollkommen. Wir müssen also nicht jeden Abend ängstlich darauf achten, auch ja alle Sünden zu bekennen, um unser Heil nicht zu verlieren. Dennoch sollen wir alle Sünden, die wir weiterhin begehen und die uns bewusst sind, vor Gott bekennen, da sie sonst unsere Beziehung zu ihm stören. Das ist zum Beispiel der Fall, wenn wir einem anderen Menschen grollen und ihm nicht vergeben wollen.

Entsprechend beten wir im Vaterunser: *„Vergib uns unsere Schuld, wie auch wir vergeben unseren Schuldigern"* (Mt 6,12). Und zwar nicht erst, wenn diese reumütig um Vergebung gebeten haben.

Es hat etwas gedauert, bis ich dazu bereit war. Aber dann habe ich vergeben. Ich habe Gott alles gesagt und habe vor ihm dieser

Person vergeben. Nach dieser Entscheidung ging es mir wirklich besser! Ich war von einer Last befreit. Zurechtbringung, das bedeutet ja auch, dass ich jetzt auf dem richtigen Weg bin. Das tut gut!

Was hat das jetzt mit Pfingsten oder dem Heiligen Geist zu tun? Nun, ich glaube, dass es Gottes Geist war, der mir gezeigt hat, dass meine mangelnde Vergebungsbereitschaft nicht in Ordnung war und ich vergeben musste. Sicher, das Ganze war eigentlich keine große Sache. Aber viele kleine Sachen ergeben schließlich auch eine große. Ich glaube, dass in unseren Gemeinden viele Menschen sind, die nicht vergeben haben und jetzt diesen Groll und Hass mit sich herumtragen. Und je mehr das wird, umso mehr belastet es uns.

Gottes Geist hilft nicht nur zu einem neuen Anfang mit einer neuen Kraft, sondern er hilft nun sozusagen auch auf dem neuen Weg, den wir gehen, die Richtung nicht zu verlieren. Gottes Heiliger Geist ist der Zurechtbringer!

Das bedeutet nun nicht, dass der Heilige Geist so etwas wie der erhobene moralische Zeigefinger Gottes ist, so, dass wir uns immer schlecht und unvollkommen fühlen müssten. Zurechtbringen – das Wort macht eigentlich deutlich, worum es geht. Wir sollen von einem falschen Weg auf den richtigen Weg gebracht werden. Wir haben uns sozusagen verlaufen, und Gottes Geist bringt uns wieder zurück. Immer geht es dabei um etwas Positives, Gutes.

Es ist gut, sich hin und wieder einmal einen Augenblick Zeit zu nehmen, um darüber nachzudenken. Man kann Gott dabei bitten, dass er es durch seinen Geist zeigt, ob man irgendwo auf einem falschen Weg unterwegs ist. In den Psalmen des Alten Testamentes lesen wir ein Gebet, das man dazu beten kann: *„Erforsche mich, Gott, und erkenne mein Herz; prüfe mich und erkenne, wie ich's meine. Und sieh, ob ich auf bösem Wege bin, und leite mich auf ewigem Wege."* (Ps 139,23-24)

DER HEILIGE GEIST – DER TRÖSTER

Gottes Geist hilft uns zu einem neuen Anfang mit einer ganz neuen, inneren Kraft. Auf diesem Weg, den wir jetzt mit ihm zusammen gehen, korrigiert er uns, wenn wir in einer falschen Richtung unterwegs sind und hilft uns immer wieder zurecht. Und schließlich ist Gottes Geist auch „der Tröster". Das griechische Wort, das Jesus für den Heiligen Geist benutzt, wird in der Bibel oft mit „Trost" und „trösten" übersetzt.

Das war auch bei den Jüngern damals so. Sie hatten die Kreuzigung erlebt und waren völlig verzweifelt. Dann erfuhren sie, dass Jesus auferstanden war. Sie waren ihm begegnet und hatten neuen Mut gefasst. Aber jetzt hatte er sie doch wieder verlassen. Vor zehn Tagen war er vor ihren Augen durch eine Wolke in den Himmel aufgenommen worden – Himmelfahrt. Und jetzt waren sie wieder ganz allein.

Und dann, ganz plötzlich, treten die gleichen Jünger in aller Öffentlichkeit auf und erzählen der erstaunten Menschenmenge, die sich zum Pfingstfest – dem jüdischen Erntefest – in Jerusalem aufhält, was ihnen Jesus bedeutet. Woher dieser Wechsel? Wie wurde aus verzweifelten und verängstigten Menschen eine Truppe von Evangelisten, die Mut und Hoffnung verkündigen?

Die Bibel beschreibt diesen Wechsel und erklärt ihn durch den Heiligen Geist, der über die Jünger kam. Er gab ihnen nicht nur die neue Kraft, sondern er tröstete sie auch darüber, dass Jesus nun nicht mehr bei ihnen war. Diese Aufgabe des Tröstens nimmt der Heilige Geist seit damals immer wieder wahr.

Und das können wir ja auch wirklich gebrauchen, oder? Hoffnung, neuen Mut, Trost – das sind doch die Dinge, die heute wirklich fehlen. Dabei meine ich nicht den billigen Trost, wie man ihn manchmal Kindern sagt, wenn sie sich z. B. gestoßen haben: „Bis du einmal heiratest, tut das nicht mehr weh." Auch nicht den billigen Trost des Poesiealbums: „Wenn du denkst, es geht nicht mehr, kommt von irgendwo ein Lichtlein her."

Das alles ist billig und falsch. Wirklich trösten kann nur jemand, der eine echte und verlässliche Hoffnung auf Veränderung anbieten kann. Ein „das wird schon wieder" hätte den Jüngern damals nicht geholfen. Nein. Jetzt wussten sie einfach, dass Jesus immer bei ihnen sein würde. So, wie er es ihnen eigentlich schon längst gesagt hatte. Aber jetzt konnten sie es auch wirklich glauben. Und weil Jesus immer das letzte Wort hat, weil er am Ende der Zeit als der Sieger schon längst feststeht, konnten sie und können wir heute wirkliche, tragfähige Hoffnung haben.

Ich weiß nicht, in was für einer Situation du dich gerade befindest. Vielleicht stehst du vor einer großen Herausforderung, einem Pro-blem, das du nicht bewältigen kannst. Vielleicht sagst du: „Trost, ja, den könnte ich jetzt gebrauchen."

Ich kann dir nicht versprechen, dass sich deine Probleme in Luft auflösen werden. Aber ich kann dir versprechen, dass Gott selbst an deiner Seite mit dir durch dick und dünn – und damit auch durch alle deine Probleme – gehen möchte. Ist das nicht großartig? Ich finde, das ist der einzige wirkliche Trost. Wenn ich weiß, dass der Herr der Welt, der das ganze Universum geschaffen hat, an meiner Seite steht und mir zusagt: „Ich liebe dich und sorge für dich. Ich gehe mit dir, auch wenn du gerade nicht weißt, wie du den nächsten Tag überstehen sollst." Wenn das wahr ist, dann haben wir als Christen wirklich etwas, was unbeschreiblich wertvoll und wichtig ist: echten Trost, echte Hoffnung!

Genau das schenkt der Heilige Geist. Er möchte uns seine bleibende Gegenwart versprechen. Schließlich ist er Gott! Und wenn er in unser Leben eingekehrt ist, wenn es sozusagen bei uns Pfingsten geworden ist, in unserem ganz persönlichen Leben, dann haben wir nicht nur den Erneuerer, der nun als Gottes Kraft hilft, unser Leben ganz neu zu gestalten. Dann haben wir nicht nur den Zurechtbringer, der uns hilft, immer wieder auf Gottes Weg zurückzukommen, wenn wir uns irgendwo verlaufen haben. Dann haben wir auch den Tröster in unserem Leben, der versprochen hat, uns niemals alleinzulassen, und der wirklich jede Situation unseres Lebens in seiner Hand hat. Gott entgleitet nichts. Er bleibt in jeder Lage der Herr, der an unserer Seite steht.

Teil 3

Weitere Erinnerungs- feste

EINLEITUNG

Neben den christlichen Feiertagen und Festen, die das Kirchenjahr markieren, gibt es noch eine Reihe weitere Feiertage. Auf einige von ihnen wollen wir nun noch eingehen. Dabei werden wir jeweils einen Aspekt näher betrachten, der für dieses jeweilige Fest wichtig ist. Es geht also nicht so sehr darum, die Feiertage selbst zu erläutern, sondern wir wollen uns – nach einigen einleitenden Gedanken zum Feiertag selbst – ein Thema näher ansehen, das mit diesen Feiertagen in Zusammenhang steht.

ERNTEDANK
Den Tempel Gottes an die erste Stelle setzen

Das Erntedankfest hat in unserer westlichen Gesellschaft viel von seiner ursprünglichen Bedeutung verloren. Wenn man seine Kartoffeln bei Aldi und sein Fleisch bei REWE holt, wofür soll man da dankbar sein? Und wem ist noch der direkte Zusammenhang zwischen dem Wetter und der Ernte bewusst? Falls es einmal in bestimmten Bereichen Engpässe gibt wegen einer schlechten Ernte, kann man das Ganze ja irgendwo sonst auf der Welt kaufen. Dass dies dann „irgendwo sonst auf der Welt" zu Engpässen führt, kümmert uns eigentlich nicht.

Was uns dabei verloren gegangen ist, ist der enge Zusammenhang zwischen unserem Wohlergehen und Gottes Segen. Dabei ist dieser Zusammenhang ja viel größer als „nur" der zwischen Saat und Ernte. Paulus hat es so gesagt: „*Denn was der Mensch sät, das wird er ernten*" (Gal 6,7b). Wenn wir also über „Erntedank" nachdenken, dann sollten wir es größer angehen. Dann sollten wir darüber nachdenken, welche Folgen unsere innere Einstellung hat. Was bringt wirklich den Segen Gottes, und wie sieht dieser Segen eigentlich aus? Diesen Fragen wollen wir hier etwas nachgehen.

Beginnen wir dabei in Jerusalem Ende des 6. Jahrhunderts v. Chr. Nach den langen Jahren in der Verbannung in Babylon und anderen Orten des babylonischen bzw. jetzt persischen Weltreiches waren die Israeliten endlich wieder nach Jerusalem zurückgekehrt – in das Land der Väter, die Stadt, die Jahrhunderte lang Mittelpunkt des geistlichen und kulturellen Lebens gewesen war. Oh ja, sie hatten sehr viel Elan und Begeisterung mitgebracht. Schließlich hatte der persische König Kyrus selbst die Erlaubnis zur Rückkehr gegeben.

Aber dann war alles so anders gekommen. In Jerusalem waren sie nicht begeistert aufgenommen worden, sondern eher etwas reserviert. Selbst die Juden, die dort wohnten, hatten nicht einfach ihre Herzen und Türen geöffnet. Für sie waren die anderen „Ausländer". Viele Jahre lang hatten sie in Babylon und Umgebung als jüdische Ausländer gegolten. Jetzt waren sie zu Hause – und wurden als babylonische Ausländer angesehen.

Und die Stadt selbst? Sie war zerfallen. Die Mauern zerstört, der Tempel lag am Boden. Man hatte sich noch nicht einmal die Mühe gemacht, den Schutt wegzuräumen, der seit der Zerstörung vor 70 Jahren herumlag. Es war einfach alles nicht so, wie es sein sollte.

Daher widmeten sich die Heimkehrer erst einmal der nächsten Aufgabe: Sie mussten ja schließlich irgendwo wohnen. Also bauten sie die eigenen Häuser wieder auf. Wenigstens zu Hause wollten sie ein wenig Gemütlichkeit und Komfort genießen. Sie begannen außerdem, die Äcker und Weinberge und Ölbaumhaine wieder in Betrieb zu nehmen, die in den vergangenen Jahrzehnten mehr oder weniger brach gelegen hatten.

Aber irgendwie schien es wie verhext zu sein. Die Äcker, Weinberge und Ölbäume brachten kaum Ertrag. Alles, was sie machten, schien ohne Erfolg. Wenn sie Vieh kauften, war es unfruchtbar oder brachte nur wenig Milch. Wenn sie Äcker bestellten, fehlte der notwendige Regen oder die Ernte verfaulte – auf jeden Fall gab es nie den erhofften Erfolg. Es war gerade, als habe sich alles gegen sie verschworen.

In diese Situation hinein trat ein Mann auf, ein Prophet. Er hieß Haggai. Zusammen mit einem anderen Propheten, Sacharja, ging er zu den Juden in Jerusalem und verkündigte ihnen Gottes Wort. Haggai sagte:

„So spricht der Herr, der allmächtige Gott: Dieses Volk behauptet, die Zeit sei noch nicht gekommen, den Tempel des Herrn wieder aufzubauen. Aber warum ist es für euch selbst an der Zeit, in Häusern mit getäfelten Wänden zu wohnen, während mein Haus noch in Trümmern liegt? Ich, der Herr, der allmächtige Gott, fordere euch auf: Denkt doch einmal darüber nach, wie es euch geht! Ihr habt viel Saat ausgesät, aber wenig geerntet. Ihr esst und werdet nicht satt, ihr trinkt und bleibt durstig. Was ihr anzieht, wärmt euch nicht, und das sauer verdiente Geld rinnt euch nur so durch die Finger. Darum sage ich, der Herr, der allmächtige Gott: Begreift doch endlich, warum es euch so schlecht geht! Geht ins Gebirge, schafft Holz herbei, und baut den Tempel wieder auf! Das gefällt mir, so ehrt ihr mich, den Herrn. Ihr habt eine große Ernte erwartet, aber es wurde so wenig daraus! Und was ihr noch heimbrachtet, das blies ich fort. Habt ihr immer noch nicht gemerkt, warum ich, der allmächtige Gott, so mit euch umgehe? Dies alles geschieht, weil mein Tempel verwüstet bleibt und jeder von euch nur darauf aus ist, sein eigenes Haus fertig zu bauen. Darum fällt über Nacht nicht einmal mehr Tau auf eure Äcker, und sie bringen nur noch magere Erträge. Darum habe ich diese Dürre über euer Land kommen lassen, über die Berge und Kornfelder, über die Weingärten und Olivenhaine, über alles, was ihr abernten wolltet. Die Hungersnot hat euch und euer Vieh getroffen. Ihr plagt euch ab mit der Arbeit, aber die Mühe lohnt sich nicht.“ (Hag 1,2-11; Hoffnung für alle)

Haggai machte deutlich, warum der ganze Einsatz der Menschen so erfolglos war: In ihrem Leben waren die Prioritäten falsch gesetzt. An der ersten Stelle im Denken der Leute stand ihr eigener Erfolg, ihre finanzielle Absicherung, ihr Besitz – aber nicht Gott. Das ist das Erste, was ich deutlich machen möchte: Es ist für unser ganzes Leben entscheidend wichtig, dass wir die Prioritäten richtig setzen!

PRIORITÄTEN SETZEN – JESUS ZUERST

Warum ging so vieles schief? Warum schien es, als ob alle Anstrengungen irgendwie vergeblich waren? Haggai sagt: *„Weil mein Tempel verwüstet bleibt und jeder von euch nur darauf aus ist, sein eigenes Haus fertig zu bauen"* (V. 9b).

Oder anders gesagt: Es geht euch so schlecht, weil in eurem Leben nicht Gott den ersten Platz hat, sondern ihr selbst. Hier handelt es sich um ein geistliches Grundprinzip. Jesus hat es über 500 Jahre später so formuliert:

„Trachtet zuerst nach dem Reich Gottes und nach seiner Gerechtigkeit, so wird euch das alles zufallen." (Mt 6,33)

Dieses Prinzip hat aber auch eine Kehrseite. Negativ formuliert heißt es: „Trachtet zuerst nach euch selbst und eurem Vorwärtskommen. Dann werdet ihr letztlich nicht wirklich glücklich sein."

Es handelt sich hier um ein geistliches Grundgesetz. Glücklich ist nur der Mensch, dem es nicht darum geht, glücklich zu sein, sondern in dessen Leben Jesus im Mittelpunkt steht. Und umgekehrt: Je mehr es uns wichtig ist, Glück und Erfolg zu haben und je mehr dafür Jesus in den Hintergrund treten muss, umso weniger werden wir dieses erhoffte Glück erleben.

Natürlich bedeutet das nun nicht, dass man Erfolg, Gesundheit und Wohlstand dadurch bekommt, dass man Gott an die erste Stelle setzt. Das wäre dann einfach eine andere Art von Wohlstandsevangelium. Manchmal drückte sich der Segen Gottes durchaus in diesen äußeren Dingen aus. Ich glaube aber vielmehr, dass es heute mehr um die inneren Werte geht, um Zufriedenheit und Glück, Freude und Gelassenheit. Manch einer hat vielleicht Erfolg im Beruf, hat Geld und Gesundheit – und ist doch unzufrieden und unglücklich. Andere strahlen eine Zufriedenheit und eine Ruhe aus, obwohl sie in vielen Bereichen mit Mangel und Entbehrungen leben müssen.

Haggai machte deutlich, dass die entscheidende Frage nicht ist, wie viel wir besitzen, sondern wer in unserem Leben den ersten Platz einnimmt. Jesus sprach das Gleiche an, als er sagte: *„Was hülfe es dem Menschen, wenn er die ganze Welt gewönne und nähme doch Schaden an seiner Seele?"* (Mt 16,26a).

Wie sieht das jetzt konkret aus? Wie drückt sich das aus, wenn Gott an der ersten Stelle steht? Haggai forderte die Menschen auf, Gottes Tempel an die erste Stelle zu stellen. Wenn ihnen Gott wichtig wäre, würden sie zunächst sein Haus bauen und sich erst dann darum kümmern, ihr eigenes Haus auszustatten. So aber wohnten sie zwar in schönen Privathäusern, aber Gottes Haus lag zerstört am Boden.

Was bedeutet das für uns heute? Ich habe einmal gehört, dass in einer Gemeinde dieser Text auf das Gemeindehaus angewandt wurde. Es musste dringend renoviert werden. Der Gemeindeälteste, der diesen Text auslegte, warf den Gemeindegliedern vor, dass sie alle große Häuser hätten und diese auch gut eingerichtet wären, aber das Gemeindehaus fast auseinanderfiel. – Aber ist das wirklich gemeint? Ist das die richtige Anwendung dieses alttestamentlichen Textes in unsere Zeit hinein?

Ich glaube nicht, dass man das so einfach übertragen kann. Bei Haggai ging es ja schließlich um den Tempel Gottes. Der Tempel, das war jener Ort, an dem Gott im Alten Bund seine Gegenwart zugesagt hatte (Vgl. z. B. 1. Kö 8,29). Haggai macht deutlich, dass es letztlich darum geht, Gott die Ehre zu geben, indem seine Wohnung, sein Tempel, geehrt wird.

Nun leben wir in einer anderen heilsgeschichtlichen Zeit. Gott hat seine Gegenwart nicht mehr an einen bestimmten Ort gebunden. Als die Samariterin mit ihm darüber diskutieren will, ob man Gott in Jerusalem oder auf dem Berg Garizim anbeten soll (das war nämlich einer der großen Streitpunkte zwischen Juden und Samaritern), sagt Jesus, dass eine Zeit kommen wird, in der man nicht mehr an einen besonderen Ort gehen muss, um Gott anzubeten (Joh 4,21-23). Dann wird vielmehr jeder Mensch auf der Welt in der Lage sein, Gott dort zu ehren und anzubeten, wo er gerade ist. Dies ist seit Tod und Auferstehung von Jesus möglich.

Trotzdem ist auch im Neuen Testament noch von dem Tempel als dem Ort die Rede, an dem Gott wohnt. Aber dieser „Tempel" ist nun kein Gebäude mehr, sondern er besteht aus Menschen. Zum einen ist jeder einzelne Christ ein solcher Tempel Gottes und zum andern wird die Gemeinde als ein Tempel des lebendigen Gottes bezeichnet. Wenn Haggai also dazu auffordert, den Tempel Gottes zu ehren und an die erste Stelle zu setzen, dann bedeutet dies für uns, dass wir zum einen unseren Leib als Tempel Gottes betrachten und entsprechend ehren und dass wir zum anderen die Gemeinde als Tempel Gottes ansehen und ehren.

MEIN LEIB ALS TEMPEL – LEBEN NACH GOTTES MASSSTÄBEN

Der Gründer der Heilsarme, General Booth, hatte zehn Regeln für das christliche Leben aufgestellt. Die erste Regel lautete: „Betrachte deinen Körper als den Tempel des Heiligen Geistes und behandle ihn mit Ehrfurcht und Fürsorge."

Paulus schreibt in 1. Korinther 3,16-17:

„Wisst ihr nicht, dass ihr Gottes Tempel seid und der Geist Gottes in euch wohnt? Wenn jemand den Tempel Gottes verdirbt, den wird Gott verderben, denn der Tempel Gottes ist heilig; der seid ihr."

Und in 1. Korinther 6,18-20 lesen wir:

„Flieht die Hurerei! Alle Sünden, die der Mensch tut, bleiben außerhalb des Leibes; wer aber Hurerei treibt, der sündigt am eigenen Leibe. Oder wisst ihr nicht, dass euer Leib ein Tempel des heiligen Geistes ist, der in euch ist und den ihr von Gott habt, und dass ihr nicht euch selbst gehört? Denn ihr seid teuer erkauft; darum preist Gott mit eurem Leibe."

Auch Paulus fordert uns also auf, den Tempel Gottes zu ehren und zu achten. Und er definiert: Dieser Tempel, das seid ihr selbst, das ist euer Körper.

Was heißt das konkret, unseren Leib als Tempel Gottes zu ehren und zu achten? Paulus erklärt das sehr eindeutig: Wir ehren und achten den Tempel Gottes, indem wir ein Leben führen, das Gottes Maßstäben entspricht. Unzucht und Hurerei, also sexuelle Unreinheit, passen einfach nicht zu Gottes Wohnung.

Ist uns eigentlich klar, wie radikal diese Aussage ist: Unser Leib ist ein Tempel des lebendigen Gottes!? Gott will uns ganz haben, mit Leib, Seele und Geist. Darum sagt Paulus ja auch in Römer 12,1, dass es nur eine einzige Form eines vernünftigen Gottesdienstes geben kann: Dass wir unseren Leib hingeben *„als ein Opfer, das lebendig, heilig und Gott wohlgefällig ist"*.

Manchmal hat man den Eindruck, dass das frühere Motto der Frauenbewegung „Mein Bauch gehört mir" von uns Christen übernommen wurde. Was wir mit unserem Körper machen, geht niemanden etwas an, nicht einmal Gott. Immer selbstverständlicher leben junge und nicht mehr ganz so junge Leute in unseren Gemeinden zusammen, ohne sich um Gottes Ordnungen zu kümmern und vorher zum Traualtar zu gehen. Und genauso selbstverständlich ist es in manchen Kreisen, sich jedes Wochenende mit Alkohol „abzufüllen" – Gott geht das ja nichts an. Und wenn dann vielleicht doch jemand aus der Gemeinde (vielleicht ein Ältester oder ein Bruder bzw. eine Schwester, denen wir nicht gleichgültig sind) zu uns kommt und uns darauf anspricht – dann reagieren wir nach dem Muster: „Das geht dich doch nichts an!"

Aber Gott geht es etwas an. Wenn wir Gott folgen wollen, wenn er unser Herr ist, dann ist es nicht gleichgültig, was wir mit unserem Leib machen. Es ist auch nicht gleichgültig, womit wir unsere Seele füttern. Aber das scheint vielen noch eher klar zu sein. Was wir dagegen mit unserem Körper machen, ist doch egal – oder?

Ich glaube, dass dies nicht so ist. Im Gegenteil. Paulus sagt in diesem Zusammenhang ziemlich deutlich: „*Wenn jemand den Tempel Gottes verdirbt, den wird Gott verderben*" (1. Kor 3,17). Das ist recht eindeutig! Und ich denke, es ist auch wirklich so gemeint. Wir sollten uns fragen, was Jesus wohl heute aus seinem Tempel, unserem Leib, hinauswerfen würde, so wie er damals die Geldwechsler und Verkäufer aus dem Tempel in Jerusalem vertrieb, weil sie Gottes Wohnung verschmutzten und entehrten.

Paulus sagt, dass Gottes Tempel heilig ist. Das Wort „heilig" bedeutet in der Bibel, dass etwas ganz und gar zu Gott gehört. Ein „heiliges Gerät" wie z. B. der Tisch oder der Leuchter im Tempel war ja nicht dadurch heilig, dass er aus einem besonderen Material hergestellt war, sondern er war heilig, weil er ganz und gar zu Gott gehörte. Wenn wir heilig sind, dann bedeutet das nichts anderes. Wir gehören zu Gott. Unser ganzes Sein, und auch unser Leib, sind sein Eigentum. Wir gehören nicht mehr uns selbst.

Das hat übrigens nicht nur Konsequenzen für das Gebiet der sexuellen Reinheit. In meinem eigenen Leben habe ich erkannt, dass ich Dinge ändern muss. Ich nehme mir viel zu wenig Zeit, auf meine Gesundheit zu achten. Ich vernachlässige meinen Körper, der doch ein Tempel des lebendigen Gottes ist. Ich tue das mit sehr guten Argumenten – geistlich klingenden Argumenten. Schließlich brauche ich ja die Zeit, um Gott zu dienen. Ich nehme Dienste an, überlade mich mit Arbeit – und mache mich damit selbst kaputt.

Nun weiß ich, dass es auch das genaue Gegenteil gibt. Es gibt Christen, die pflegen ihren Leib so sehr, dass sie zu keinem Dienst zu gebrauchen sind. Sobald es etwas zu tun gibt, sind sie nicht mehr da. Schließlich wollen sie sich ja „nicht kaputt machen" ... Wie sagt Paulus: *„... sorgt für den Leib nicht so, dass ihr den Begierden verfallt"* (Röm 13,14).

Wenn es darum geht, dass wir unseren Leib deshalb ehren sollen, weil er ein Tempel, eine Wohnung des lebendigen Gottes ist, dann wird auch deutlich, wie wir uns in diesem Spannungsfeld verhalten sollen. Gott selbst ist es nämlich, der als Herr seines Tempels festlegen kann, wann wir diesen Tempel durch Ruhe und Erholung ehren und wann wir durch ihn sein Reich bauen und für ihn aktiv da sein sollen. Ich glaube, dass wir es neu lernen müssen, auch in diesen praktischen, äußeren Dingen danach zu fragen, was er will und was wir tun sollen. Paulus formuliert es in Epheser 2,10 so:

„Denn wir sind sein Werk, geschaffen in Christus Jesus zu guten Werken, die Gott zuvor bereitet hat, dass wir darin wandeln sollen."

Wir müssen also danach fragen, welche Werke Gott für uns vorgesehen hat und wo wir uns für ihn investieren sollen. Der Gott, der den Ruhetag erfunden hat, wird dann auch für uns genau das richtige Verhältnis zwischen Arbeit und Ruhe festlegen, das wir brauchen.

Gottes Tempel zu ehren und zu achten heißt also, unseren Leib als Tempel des Heiligen Geistes zu ehren und zu achten. Aber im Neuen Testament finden wir noch einen zweiten Zusammenhang, in dem vom Tempel Gottes die Rede ist:

DIE GEMEINDE ALS TEMPEL – LIEBEN, WAS GOTT LIEBT

„Wir aber sind der Tempel des lebendigen Gottes; wie denn Gott spricht: ‚Ich will unter ihnen wohnen und wandeln und will ihr Gott sein, und sie sollen mein Volk sein.'" (2. Kor 6,16b)

Und in Epheser 2,19-22 lesen wir:

„So seid ihr nun nicht mehr Gäste und Fremdlinge, sondern Mitbürger der Heiligen und Gottes Hausgenossen, erbaut auf den Grund der Apostel und Propheten, da Jesus Christus der Eckstein ist, auf welchem der ganze Bau ineinandergefügt wächst zu einem heiligen Tempel in dem Herrn. Durch ihn werdet auch ihr miterbaut zu einer Wohnung Gottes im Geist."

Die Gemeinde ist der Tempel des lebendigen Gottes. Der Tempel war ja im Alten Testament jener Ort, an dem Gott selbst gegenwärtig war. Genau dies ist auch hier der Gedanke. Gott ist gegenwärtig – so singen wir in diesem schönen, alten Kirchenlied. Dabei geht es nicht nur um den sonntäglichen Gottesdienst oder den Hauskreis bzw. eine andere Gemeindeveranstaltung. Es geht vielmehr darum, dass die Gemeinde in Gottes Denken ein geistlicher Organismus ist, ein großer Leib, bei dem Jesus Christus selbst das Haupt ist. Wenn das so ist, dann ist es klar, warum Paulus jetzt hier sagt, dass dieser Leib Christi der Tempel des lebendigen Gottes ist.

Ich glaube, dass wir heute alle viel zu individualistisch sind. Wir meinen, es ginge nur um Gott und uns. Gott hat seinen einzigen Sohn dahingegeben, damit ich gerettet werden kann. Das stimmt ja auch. Aber es nicht noch nicht alles. Gottes Ziel ist nicht nur die Rettung von einzelnen Menschen, sondern sein eigentliches Ziel ist die Gemeinde. In Epheser 5,25 lesen wir, dass Jesus die Gemeinde geliebt und sich für sie hingegeben hat. Die Gemeinde, das ist das große Geheimnis Gottes, das von Grundlegung der Welt an verborgen war. Sie ist das Ziel des Heilshandelns Gottes.

Ich will es einmal so sagen: Die Gemeinde ist Gottes große Liebe. Paulus schreibt in Epheser 3,10, dass die Gemeinde Gottes großer Plan war, der jetzt offenbar geworden ist, *„damit jetzt kund werde die mannigfaltige Weisheit Gottes den Mächten und Gewalten* *im Himmel durch die Gemeinde"*. Und in 1. Timotheus 3,15 spricht er von der *„Gemeinde des lebendigen Gottes, ein Pfeiler und eine Grundfeste der Wahrheit"*.

Die Gemeinde ist also ganz zentral in Gottes Plan. Sie ist sein Tempel, hier wohnt Gott mitten unter den Menschen. Natürlich bedeutet das nicht, dass die Gemeinde irgendwie perfekt wäre. Ebenso wenig wie das bei den einzelnen Christen der Fall. Aber Gott hat sich auf diese Unvollkommenheit eingelassen. Er will unter uns wohnen – das ist das große Wunder, von dem die Bibel uns berichtet.

Wenn die Gemeinde also Gottes große Liebe ist, dann muss sie auch meine große Liebe sein – nicht, weil oder wenn sie perfekt ist, sondern obwohl sie es nicht ist. Wenn wir anfangen würden, die Gemeinde Gottes mehr zu lieben, dann würde dies ganz radikale Folgen für unser geistliches Leben haben. Wir würden weniger über die Gemeinde meckern und mehr tun, damit sich die Dinge ändern. Wir würden uns nicht darüber ärgern, was alles falsch läuft, sondern dafür beten, dass Veränderung geschieht – und konkret anpacken. Und wir würden Gemeinde nicht mehr länger als etwas ansehen, was eben auch noch dazu gehört, sondern als Mittelpunkt von Gottes Handeln und Wirken heute.

Den Tempel Gottes an die erste Stelle setzen, bedeutet also von daher, die Gemeinde an die erste Stelle zu setzen. Das kann übrigens durchaus auch Folgen haben für das Gemeindehaus, aber nicht, weil das der Tempel wäre, sondern weil Gottes Tempel, die Gemeinde, auch ein entsprechendes Äußeres braucht. Aber es geht noch viel weiter. Wenn die Gemeinde in unserem Denken nicht die Zugabe ist, sondern das Eigentliche, dann hat dies für alle Bereiche unseres Lebens Konsequenzen. Das beginnt bei unserer Zeiteinteilung und geht über den Einsatz unserer Gaben bis hin zur Einteilung unseres Geldes.

Den Tempel Gottes, die Gemeinde, ehren und lieben bedeutet also, eine tiefe Verbindlichkeit zur Gemeinde zu empfinden. In Psalm 84,2.3a schreiben die Söhne Korachs:

„Wie lieb sind mir deine Wohnungen, HERR Zebaoth! Meine Seele verlangt und sehnt sich nach den Vorhöfen des HERRN."

Wenn diese Sehnsucht mehr als schöne Worte ist, dann bedeutet dies natürlich auch, dass die Söhne Korachs jede Gelegenheit nutzten, im Tempel Gottes zu sein. Dementsprechend großartig war der Tempel in Jerusalem auch eingerichtet. Das Gold, das in diesem Tempel benutzt worden war, hatte einen Wert von mehreren hundert Millionen Euro! Wenn uns die Gemeinde so lieb ist, dann muss dies auch Konsequenzen haben. Heute habe ich oft eher den Eindruck, dass jedes Argument recht ist, nicht in die Gemeinde zu gehen. Vielleicht könnte man etwas flapsig sagen, dass es schon reicht, wenn die Katze Geburtstag hat.

Natürlich bedeutet das nicht, dass es keinen Grund geben kann, eine Gemeindeveranstaltung zu verpassen. Und Gemeinde erschöpft sich ja auch nicht in den Veranstaltungen. Aber wenn die Gemeinde nicht ein zusätzlicher Luxus, sondern unsere große Liebe ist, dann werden wir uns nach den Gelegenheiten sehnen, mit anderen zusammen diese Gemeinschaft der Gemeinde auszuleben.

Ich frage deshalb jetzt mal ganz konkret: Was bedeutet dir die Gemeinde? Kommst du am Sonntag dorthin, weil du etwas für dein geistliches Leben mitnehmen willst – und wenn es dir eigentlich ganz gut geht, kannst du recht lange darauf verzichten? Oder ist die Gemeinde für dich der Tempel des lebendigen Gottes und du kommst dorthin, weil du Gott dort in der Gemeinschaft mit den anderen Christen begegnen kannst? Dann lohnt sich übrigens auch ein Gottesdienstbesuch, wenn einem die Predigt vielleicht nichts sagt oder man die ganze Zeit des Gottesdienstes mit einem kleinen Kind im Babyraum verbringen muss.

UND JETZT?

Ein Erntedankfest gibt uns die Gelegenheit, über Saat und Ernte, Ursache und Erfolg in unserem Leben nachzudenken. Auch wenn wir heute nur noch selten mit der konkreten Ernte von Lebensmitteln beschäftigt sind, lohnt sich das. Denn was hier für den Bereich von Obst, Gemüse und Getreide gilt, das gilt ja auch im geistlichen Bereich für uns Menschen ganz allgemein.

Bei den Leuten, an die Haggai schreibt, haben beide Sachen viel miteinander zu tun. Er wendet sich an Leute, die von Misserfolgen geplagt sind. Ihre Ernte ist schlecht, ihr Leben ist unerfüllt, alles scheint sich gegen sie verschworen zu haben. Und Haggai erklärt diesen Leuten, warum das so ist. Weil sie Gott in ihrem Leben nicht an die erste Stelle setzen, können sie sich anstrengen, wie sie wollen – es wird nichts bringen. Wir sagen: „An Gottes Segen ist alles gelegen." Das stimmt – übrigens auch für uns.

Vielleicht fragst du dich auch, warum du so kraftlos bist, warum es geistlich in deinem Leben nicht vorangeht, wo du dich doch so sehr bemühst. Vielleicht hast du durchaus Erfolge im Leben – und doch bist du innerlich irgendwie leer. Vielleicht sind es auch geistliche Probleme, mit denen du dich abgibst, und mit denen du einfach nicht fertig wirst. Nun will ich keinesfalls behaupten, dass es auf diese Fragen nur eine einzige Antwort gibt und dass ich diese Antwort besitze. Aber vielleicht ist es ja wie bei den Juden damals. Der Grund für deine innere Leere und deine Misserfolge liegt möglicherweise darin, dass du Gottes Tempel missachtest.

Es kann sein, dass es sich dabei um deinen eigenen Körper handelt. Vielleicht lebst du irgendwo in Unreinheit und Sünde. Das können sexuelle Sünden sein oder auch Maßlosigkeit oder fehlende Selbstbeherrschung. Es kann aber auch sein, dass du Gottes Tempel, deinen Leib, kaputt machst durch ein falsches Dienstverständnis.

Aber vielleicht ist es auch die Gemeinde, die in deinem Denken nicht den Platz einnimmt, der ihr zusteht. Vielleicht hast du noch nicht erkannt, wie wichtig Gemeinde für Gott ist. Du sehnst dich nicht danach, in diesem Tempel Gottes zu sein, sondern viele andere Dinge sind dir wichtiger.

Dann wundere dich nicht, dass alle Bemühungen, dein Leben sinnvoll und erfolgreich zu machen, scheitern. Das gilt im Übrigen auch für die Gemeinde als Ganzes! Modelle und Veränderungen, moderne Methoden und Management – all das kann wichtig und gut sein. Aber es schafft kein geistliches Leben. Nur dann, wenn die Gemeinde im Leben der einzelnen Gemeindeglieder den Stellenwert bekommt, der ihr von Gott her zusteht, wird sich auch im Leben der Gemeinde selbst etwas ändern.

Ich möchte dich daher auffordern, Gott an die erste Stelle zu setzen und seinen Tempel, seine Wohnung, zu ehren und zu achten. Haggai würde vielleicht sagen:

„Du behauptest, es sei einfach nicht so wichtig, den Tempel des Herrn zu ehren. Aber andere Dinge ehrst und achtest du, während mein Haus in Trümmern liegt? Ich, der Herr, der allmächtige Gott, fordere dich auf: Denk doch einmal darüber nach, wie es dir geht! Du bemühst dich, aber hast wenig Erfolge. Du isst, und wirst nicht satt, du trinkst und bleibst durstig. Was du anziehst, wärmt dich nicht, und das sauer verdiente Geld rinnt dir nur so durch die Finger. Darum sage ich, der Herr, der allmächtige Gott: Begreif doch endlich, warum es dir so schlecht geht! Geh in dich und nimm meinen Tempel ernst! Das gefällt mir, so ehrst du mich, den Herrn."

Wenn wir das tun, in uns gehen und uns entschließen, Gottes Tempel zu ehren und zu achten, dann können wir auch das für uns in Anspruch nehmen, was Haggai im Namen Gottes in Kapitel 2 sagt, als die Juden sich entschließen, den Tempel wieder aufzubauen. Haggai schreibt:

„Nun aber achtet doch darauf, wie es euch ergehen wird von diesem Tag an und fernerhin – vom vierundzwanzigsten Tage des neunten Monats an –, nämlich von dem Tag an, da der Tempel des HERRN gegründet ist! Achtet darauf, ob noch der Same in der Scheune dahinschwindet und ob Weinstock, Feigenbaum, Granatbaum und Ölbaum noch nicht tragen! Von diesem Tage an will ich Segen geben.“ (Hag 2,18-19)

REFORMATIONSTAG
Der heilige Gott – mein Vater

Es war am 31.10.1517, kurz vor seinem 34. Geburtstag, als der junge Doktor der Theologie seine Thesen an die Kirchentür in Wittenberg schlug. Dabei spielt es eigentlich keine Rolle, ob er sie wirklich mit lauten Hammerschlägen dort anbrachte oder auf eine andere Art und Weise publik machte. In aller Öffentlichkeit trat Martin Luther für seinen neu gewonnenen Glauben auf: Gott war anders, als er bisher gedacht hatte! Gott, der heilige Gott, erwartete nicht Werke der Bußfertigkeit oder gar teure Ablassbriefe von den Menschen. Er schenkte seine Vergebung aus lauter Gnade.

Luther war sich dessen nicht bewusst, aber diese Erkenntnis veränderte die Welt. Dass er durch seinen Thesenanschlag letztlich eine Reformation auslösen würde, an die man sich noch Jahrhunderte später erinnern sollte, konnte er sich damals sicher nicht vorstellen. Für ihn war es einfach eine Notwendigkeit, die sich aus der Tatsache ergab, dass er Gott als liebenden Vater kennengelernt hatte.

Menschen begegnen Gott sehr unterschiedlich. Einer von ihnen war der Prophet Jesaja. Er war noch relativ jung. Vielleicht ungefähr 20 Jahre alt. Er erwartete vermutlich eine Menge vom Leben. Vielleicht hatte er Pläne, Ideen, Wünsche, die er gerne verwirklichen wollte.

Eines Tages geschah etwas sehr Seltsames. Etwas, das seine gesamte Lebensplanung veränderte. Er hatte eine Vision. Plötzlich sah er einen großen Tempel mit einem Thron darin. Auf diesem Thron saß Gott, der Herr. Sein prächtiges Königsgewand erfüllte den ganzen Raum. Über Gott sah er zwei Engel, Seraphim, Geistwesen, die jeweils sechs Flügel hatten. Sie riefen sich gegenseitig zu: *„Heilig, heilig, heilig ist der HERR Zebaoth, alle Lande sind seiner Ehre voll!"* (Jes 6,3).

So machtvoll klangen ihre Stimmen, dass die Türschwellen davon zitterten. Rauch erfüllte den Tempel. Eine wirklich ungeheure Vision, die Jesaja da erlebte. Jesaja spürte und fühlte mit allen Sinnen die ungeheuerliche Heiligkeit Gottes.

Natürlich wissen wir, dass er nicht Gott selbst sah, sondern nur ein Abbild von ihm, eine Manifestation Gottes. Aber selbst die war zutiefst erschreckend. Voller Angst warf er sich zu Boden und rief:

„Weh mir, ich vergehe! Denn ich bin unreiner Lippen und wohne unter einem Volk von unreinen Lippen; denn ich habe den König, den HERRN Zebaoth, gesehen mit meinen Augen." (Jes 6,5)

Jesaja erschrak angesichts der Heiligkeit Gottes. Es ging ihm so wie vor und nach ihm vielen Menschen. Sie erkennen plötzlich Gottes Größe und Majestät und seine Heiligkeit – und sehen vor diesem hellen Hintergrund nur allzu deutlich ihren eigenen, dunklen Mangel. Es ist, als würde ein ungeheuer helles Licht auf unsere Dunkelheit fallen. Diese Heiligkeit Gottes war es ja auch gewesen, die Martin Luther so viele Jahre lang bedrückt und ihn dazu gebracht hatte, sich selbst zu kasteien, alles nur, um einen „gnädigen Gott" zu gewinnen.

Immer wieder geschieht dies, wenn Menschen Gottes Größe und Heiligkeit erkennen. Sie sehen dann plötzlich, wie groß ihr eigener Mangel, ihre Schuld und Sünde sind. Der große englische Evangelist und Prediger Spurgeon berichtet aus seinem Leben Folgendes:

„Mein Herz war Brachland, mit Unkraut bedeckt; aber eines Tages kam der große Bräutigam und begann, meine Seele zu pflügen. Er kam mit zehn schwarzen Pferden, er benutzte eine scharfe Pflugschar und zog tiefe Furchen. Die schwarzen Pferde, das waren die Zehn Gebote, und es war die Gerechtigkeit Gottes, die meinen Geist wie eine Pflugschar aufriss. Ich war verdammt – hoffnungslos, hilflos – ich dachte, ich stünde direkt vor der Hölle.²"

Das ist sozusagen die eine Seite. Da gibt es Menschen, die haben Gottes Größe und Heiligkeit verstanden und fühlen sich vor diesem Gott klein und unbedeutend, schuldig und schlecht. Ist das die richtige Haltung Gott gegenüber? Sollen wir Angst haben vor Gott?

In unserer Zeit heute ist das eher die Ausnahme. Vielfach sind wir als Christen der Meinung, Gott sei in erster Linie unser Freund, unser Kumpel. Wir wünschen uns einen Wohlfühlgott – einen Gott, der uns nicht wehtut, sondern unsere Wünsche erfüllt. Ganz leger geht man mit diesem Gott um. Wenn man betet, macht man es sich zunächst einmal so richtig bequem – Füße hoch, in eine Decke wickeln, und dann vor den heiligen Gott treten ...?

Was denn jetzt? Sollen wir Angst haben vor Gott? Sollen wir seine Heiligkeit und Macht fürchten, so wie Jesaja damals? Oder sollen wir uns bei Gott wohlfühlen, da wir ja schließlich seine Kinder sind und er unser Abba, unser „lieber Papa" geworden ist? Was ist die richtige Haltung Gott gegenüber? Fürchten oder lieben? Angst oder Geborgenheit? Oder vielleicht beides? Oder etwas dazwischen?

Ich möchte diese Frage in drei Schritten angehen:
1. Der heilige Gott,
2. Mein Vater im Himmel,
3. Gott lieben und fürchten.

DER HEILIGE GOTT

In Jesaja, Kapitel 57,15 finden wir einen sehr interessanten Vers. Die erste Hälfte dieses Verses lautet:

„Denn so spricht der Hohe und Erhabene, der ewig wohnt, dessen Name heilig ist: Ich wohne in der Höhe und im Heiligtum ..." (Jes 57,15a)

Hoch und erhaben, ewig, heiliger Name – mit diesen Beschreibungen wird deutlich, wer Gott ist. Gott ist unvorstellbar groß, heilig und rein. Er ist der Maßstab aller Dinge, die Gerechtigkeit in Person. Ohne ihn und außerhalb von ihm ist das Nichts, der Tod. Er ist das Leben. Und er ist auch der Herr über alles. Das Universum ist durch sein Wort geschaffen – und wird eines Tages durch sein Wort vollendet werden.

Vor einiger Zeit gab es in unserer lokalen Zeitung (als Reaktion auf ein Interview zur Bibel) einen Leserbrief, in dem der Schreiber der Bibel vorwarf, sie sei zutiefst inhuman. Er führte eine Reihe von Bibelstellen an, auf die ich hier nicht im Einzelnen eingehen werde. Doch einen seiner Vorwürfe gegen die Bibel möchte ich aufgreifen. Er schrieb, es sei doch im höchsten Maße inhuman, dass die Bibel berichtet, Gott habe eine ganze Welt – mit Ausnahme von Noah und seiner Familie – in der Sintflut umgebracht.

Ist das so? Ist Gott inhuman? Und wenn es so wäre? Wer könnte ihm einen Vorwurf machen? Wer könnte über ihn richten? Das ist, als würden wir vor den Niagarafällen stehen und sagen: „Mir sind diese Fälle zu hoch. Da sterben einfach zu viele Fische, wenn sie hinunter stürzen." Ob sich die Niagarafälle daraus etwas machen würden? Würden sie vielleicht beschließen, in Zukunft weniger hoch zu sein?

Was für ein Unsinn! Wenn Gott beschließt, alles, was er geschaffen hat, zu vernichten, dann ist das sein gutes Recht. Humanität ist nicht der oberste Maßstab. Gott ist der oberste Maßstab. Er kann tun, was er will. Und wenn Gott willkürlich und böse wäre – könnten wir auch nichts dagegen ausrichten! Das war übrigens die große Angst Martin Luthers: Wer kann sagen, wie Gott ist? Und wie kann man einen gnädigen Gott bekommen? Was, wenn Gott am Ende doch beschließt, uns zu vernichten? Was, wenn Gott unbarmherzig und hart ist?

Aber zum Glück ist Gott nicht so. Die Bibel zeigt uns einen gerechten und zuverlässigen Gott, einen Gott, dessen Verhalten wir zwar nicht ausrechnen und vorausplanen können, auf den wir uns aber verlassen können. Gott ist treu. Wir können ihn nicht – wie eine Versicherung oder dergleichen – in unser Leben einplanen. Aber wir können wissen, dass wir uns in jeder Lage hundertprozentig auf ihn verlassen können. Das sagt uns die einzige Quelle, aus der wir verlässliche Informationen über Gott erfahren: die Bibel. Gott selbst informiert uns hier, in seinem Wort, darüber, wie er wirklich ist.

Aber was sagt uns die Bibel denn nun über Gott und sein Wesen? Wir erfahren: Gott ist heilig! Er ist allmächtig und ewig. Als der Schöpfer und Richter der Welt hat Gott selbstverständlich das Recht, ein Urteil über die Sünde der Menschen zu sprechen. Er hat dies damals getan und außer Noah und seiner Familie alle Menschen vernichtet. Das ist nicht inhuman, sondern gerecht! Und wenn Gott heute mit einem Schlag die ganze Welt vernichten würde, wäre auch dies gerecht. Wir alle sind ja vor ihm schuldig geworden, haben den Tod verdient! Und doch tut Gott dies nicht, sondern sucht einen Weg, damit wir wieder zu ihm zurückkommen können – doch davon später mehr.

Gott ist heilig! Es gibt viele Geschichten in der Bibel, die uns genau das zeigen. Da ist z. B. Usa. Er ist vielleicht nicht sehr bekannt. Er hat auch nichts Großes getan, an das man sich erinnern könnte. Er lebte zur Zeit Davids. Zusammen mit etwa 30.000 anderen jungen Männern machte er sich unter Davids Führung auf, um die Bundeslade von den Philistern zurück nach Israel zu holen. Auf einem neuen, unbenutzten Wagen fuhren sie diese heilige Lade Gottes nach Israel zurück. An dieser Bundeslade hatte Gott im Alten Testament seine Gegenwart versprochen.

Plötzlich rutschten die Rinder, die den Wagen zogen, aus und die Lade drohte, vom Wagen zu fallen. Mutig fasste Usa zu und sicherte die Bundeslade. Da geschah etwas Unfassbares:

„Da entbrannte des HERRN Zorn über Usa, und Gott schlug ihn dort, weil er seine Hand nach der Lade ausgestreckt hatte, so dass er dort starb bei der Lade Gottes.“ (2. Sam 6,7)

Die Bundeslade durfte nicht berührt werden. Sie hatte Ringe an den Seiten, durch die man Stangen steckte, um sie zu tragen. Natürlich hätte man sie überhaupt nicht auf den Wagen stellen dürfen, sondern Priester hätten sie an diesen Stangen tragen müssen. Aber dafür konnte Usa ja nichts! Und doch starb er auf der Stelle.

Übrigens war David über diese Reaktion Gottes ganz entsetzt und fürchtete sich. Und auch wir fragen uns, warum Gott so etwas tat. Usa hatte doch sicher nur das Beste gewollt! Aber wie David und alle anderen auch hatte Usa offensichtlich nicht realisiert, wie heilig Gott ist. Und Gott statuierte ein Exempel. Er machte ganz klar und unmissverständlich deutlich, dass man ihn und seine Heiligkeit nicht missachten darf.

Wir haben übrigens eine ähnliche Geschichte auch im Neuen Testament. Hier sind es zwei Menschen, Ananias und Saphira, die Gottes Heiligkeit nicht genügend realisierten. Sie verkauften einen Acker und spendeten das Geld der Gemeinde. Aber sie behielten einen Teil zurück. Das war ihr gutes Recht. Nur taten sie so, als hätten sie das ganze Geld gespendet. Und sie wurden von Gott hart gestraft. Sie fielen tot um.

Ich bin froh, dass Gott nicht immer so handelt. Ich weiß nicht, wer von uns dann noch am Leben wäre. Ich jedenfalls nicht! Gott zeigt uns in Geschichten wie diesen, dass wir ihn nicht unterschätzen sollen. Er ist heilig! Offenbar handelt Gott manchmal exemplarisch, damit wir davon lernen. Usa, Ananias und Saphira, aber auch viele andere, die Gottes Gericht sehr drastisch und direkt erlebt haben, wollen uns warnen, die Heiligkeit Gottes nicht gering zu achten! Übrigens sagt die Bibel nichts darüber aus, wie Gott mit einem Usa oder mit Ananias und Saphira dann im Himmel umgeht – ob sie gerettet oder verloren sind. Das steht nämlich auf einem ganz anderen Blatt. Ich könnte mir vorstellen, dass wir sie eines Tages in der Gegenwart Gottes treffen werden. Vielleicht werden sie uns dann fragen, ob wir aus ihrer Geschichte gelernt haben.

Oft ist uns Gottes Heiligkeit nicht so klar bewusst. Schließlich sind wir ja seine Kinder, haben Vergebung erlangt, dürfen Vater zu ihm sagen. Da geschieht es schon leicht, dass man vergisst, mit wem man es eigentlich zu tun hat.

Bei Mose war das übrigens auch so; auch er vergaß einmal, mit wem er es eigentlich zu tun hatte. Er wird in der Bibel „Freund Gottes" genannt. Gott sprach mit ihm ganz direkt, sozusagen von Angesicht zu Angesicht, wie ein Mann mit seinem Freund redet. In 2. Mose 33,11 lesen wir dies. Dann, eines Tages, hat Mose einen besonderen Wunsch. Er möchte jetzt auch gerne einmal Gott selbst sehen, so wie er wirklich ist. Er sagt zu Gott:

„Lass mich deine Herrlichkeit sehen!" (2. Mo 33,18)

Aber Gott muss ihm diesen Wunsch abschlagen. Hier geht Mose einfach zu weit. Er scheint vergessen zu haben, mit wem er da spricht. Gott sagt:

„Mein Angesicht kannst du nicht sehen, denn kein Mensch wird leben, der mich sieht." (2. Mo 33,20)

Gott ist absolut heilig. Wenn er sich uns so zeigen würde, wie er wirklich ist, würden wir auf der Stelle vergehen. Und doch schmettert Gott die Bitte des Mose nicht einfach ab. Er lässt ihn sozusagen ein Stück seiner Herrlichkeit sehen. Er darf Gott hinterher sehen, nachdem dieser an ihm vorüber gezogen ist. Als dies geschieht, fällt Mose auf sein Angesicht und betet Gott an.

Gott ist heilig. Das ist das Erste, was ich deutlich machen wollte. Weil ich glaube, dass wir dies nur allzu oft vergessen, habe ich diesen ersten Punkt auch am ausführlichsten behandelt. Kommen wir jetzt zum zweiten Schritt:

MEIN VATER IM HIMMEL

Der Vers aus Jesaja geht noch weiter. Gott wohnt in der Höhe und im Heiligtum, …

„... und bei denen, die zerschlagenen und demütigen Geistes sind, auf dass ich erquicke den Geist der Gedemütigten und das Herz der Zerschlagenen." (Jes 57,15b)

Ich finde, das ist eine ungeheure Spannbreite! Im Himmel und im Heiligtum wohnt Gott – und bei denen, die zerschlagenen und demütigen Herzens sind. Aber das ist Gott! Dieser Vers hat mich oft fasziniert. Er bringt zwei Dinge zusammen, die für uns unvorstellbar weit auseinander liegen. Im Himmel, in der Höhe, im Heiligtum, dort, wo Gott herrscht – dort haben doch Schwachheit und Demut, dort haben zerschlagene Herzen nach unserer Ansicht nichts verloren. Aber Gott sagt, dass er dort wohnt! Er kommt nicht nur dorthin, er wohnt sogar dort.

Wir denken oft, Gott sei nur dann auf unserer Seite, wenn wir stark und mutig sind und glaubensvoll in seinem Namen unterwegs. Aber das ist falsch! Gott ist gerade dann bei uns, wenn wir uns schwach und elend fühlen. Paulus muss sich von Gott sagen lassen, dass Gott gerade in seiner Schwachheit bei ihm ist und in ihm mächtig wird. Vielleicht fühlst du dich zerschlagen, hast keinen Mut mehr, zweifelst an Gott und natürlich auch an dir selbst. Dann lass dir sagen, dass Gott bei dir wohnt, wenn du sein Kind geworden bist. Das ist doch auch bei uns Menschen so. Wenn unsere Kinder krank sind, dann sind wir ihnen besonders nahe. Dann dürfen sie viel mehr als sonst, und wir versuchen, sie zu trösten und ihnen zu helfen. Als Martin Luther dies erkannte, veränderte es alles. Auf einmal war Gott nicht mehr der große und ferne Heilige, der ihn mit seinen Forderungen zu erdrücken drohte, sondern der liebende Vater im Himmel, zu dem er voller Freude kommen durfte.

Da gibt es noch so einen Vers im Alten Testament, der mir in diesem Zusammenhang besonders wichtig geworden ist. Er steht in Psalm 84,4:

„Der Vogel hat ein Haus gefunden und die Schwalbe ein Nest für ihre Jungen – deine Altäre, HERR Zebaoth, mein König und mein Gott."

Gottes Altäre – das sind jene Orte, an denen Gott seine Gegenwart versprochen hat. Sie sind heilig und stehen im Tempel, dort, wo im Allerheiligsten die Bundeslade ist. Und während die Menschen die Lade nicht berühren durften, darf die Schwalbe am Altar Gottes ihr Nest bauen. Ich kenne eigentlich kein schöneres Bild für die Geborgenheit, die wir in Gott haben dürfen. Wir müssen uns vor ihm nicht fürchten. Er ist uns ja gerade dann besonders nahe, wenn wir am Ende sind, wenn wir nicht mehr weiter wissen, wenn wir versucht werden und schwach sind.

Der Hebräerbrief sagt uns sogar, dass Jesus in allen Dingen versucht wurde, genauso wie wir. Er wurde Mensch und machte alles durch, was wir Menschen durchmachen. Und jetzt kann er in ganz besonderer Weise mit unserer Schwachheit mitfühlen. Das heißt natürlich nicht, dass Jesus unsere Schwachheit entschuldigt. Aber er versteht uns. Und er ist auf unserer Seite.

Am deutlichsten wird dies am Kreuz. Hier stirbt er, der Sohn Gottes, an meiner Stelle. Weil ich schwach bin, weil ich ein Sünder bin, geht Jesus in die Gottverlassenheit. Er erteilt damit all denen eine Absage, die ihr Heil selber schaffen wollen. Wer Gnade und Vergebung richtig verstanden hat, der weiß, dass Gott auf der Seite der Schwachen steht. Und dass er bei denen wohnt, die zerschlagen und gedemütigt sind. Die einzige Voraussetzung ist, dass wir das Geschenk der Vergebung annehmen. Dann werden wir zu Kindern Gottes. Wir dürfen *Abba* zu Gott sagen. *Abba*, das war die aramäische Form, wie kleine Kinder ihren Vater anredeten. Es entspricht etwa unserem „Papa".

Als Martin Luther dies erkannte, begann die Reformation. Diese Erkenntnis veränderte alles. Sie machte aus dem grausamen Gott im Himmel, vor dessen Forderungen wir nicht bestehen können, einen liebevollen Vater. Auch für uns gilt das! Wir dürfen jetzt zu dem heiligen, gerechten und allmächtigen Gott „Papa" sagen. Und dieser heilige, gerechte und allmächtige Gott verspricht, dass er sich um uns kümmern wird. Nichts und niemand kann uns aus seiner Hand reißen. Sogar die Haare auf unserem Kopf sind gezählt.

Damit bin ich beim dritten Schritt:

GOTT LIEBEN UND FÜRCHTEN

Gott lieben und ihn fürchten gehört nach meiner Überzeugung untrennbar zusammen. Vor einiger Zeit ist mir bei meiner persönlichen Bibellese ein Zusammenanhang aufgegangen, den ich bisher noch nie so gesehen hatte:

„Denn bei dir ist die Vergebung, dass man dich fürchte." (Ps 130,4)

Gottesfurcht ist die Folge der Vergebung! Eigentlich würden wir das genau anders herum meinen. Wir denken, dass man Gott fürchten muss, weil man vor ihm schuldig ist. Aber hier steht genau das Gegenteil! Gott vergibt uns, damit wir ihn fürchten!

Wenn die Bibel hier von Furcht spricht, dann meint sie nicht Angst. Es ist aber auch mehr als Ehrfurcht damit gemeint. Ehrfurcht erweisen wir durchaus auch Menschen, die wir eigentlich gar nicht so schätzen. Wenn in unseren Gottesdienst plötzlich der deutsche Bundespräsident hereinkommen würde, dann würden wir vermutlich alle aufstehen. Wir hätten vor ihm Ehrfurcht, auch wenn wir ihn als Person kaum kennen. Diese Ehrfurcht wäre eine „Ehrfurcht vor dem Amt", aber nicht unbedingt vor der Person.

Gott fürchten ist viel mehr. Es geht nicht nur darum, ihn als Gott zu fürchten, weil er eben mächtig und groß ist, sondern ihn zu fürchten, weil wir ihn lieben. Weil wir seine Vergebung erlebt haben und darüber staunen, dass er so unendlich barmherzig ist und uns nicht verloren gehen lässt, deshalb lieben und ehren und fürchten wir ihn.

Als Martin Luther diese Liebe Gottes erkannt und begriffen hatte, dass Gott sein Vater im Himmel war, der ihn liebte, machte ihn das unerschrocken und mutig. Vor dem Kaiser und der

Kirche und allen, die gegen ihn standen, blieb er fest. Er fürchtete Gott und sonst niemanden. Gottesfurcht hat Konsequenzen im Alltag.

Ein paar dieser Konsequenzen will ich abschließend noch nennen. Da lesen wir z. B. in 2. Mose 20,20:

„Mose aber sprach zum Volk: Fürchtet euch nicht, denn Gott ist gekommen, euch zu versuchen, damit ihr's vor Augen habt, wie er zu fürchten sei, und ihr nicht sündigt."

„Fürchtet euch nicht" – das heißt: Habt keine Angst. Seid nicht erschrocken. Das Volk Israel lagerte am Sinai. Gerade hatten sie in Donner, Rauch und Erdbeben ein kleines Stück der Größe und Macht Gottes gesehen. Und sie hatten Angst vor diesem schrecklichen Gott. „Fürchtet euch nicht" – das lesen wir ganz oft in der Bibel.

Aber dann heißt es, dass Gott gekommen ist, um Israel zu versuchen, um ihnen zu zeigen, wie heilig und allmächtig er ist. Denn sie sollen vor Augen haben, wie sehr er zu fürchten ist – und damit sie nicht sündigten.

Also keine Angst vor Gott, kein Zurückweichen, aber die tiefe Erkenntnis, wie groß und mächtig dieser Gott ist. Und wozu das Ganze? Damit wir nicht sündigen. Gottesfurcht soll uns davor bewahren, leichtfertig zu sündigen. Das gilt vielleicht noch mehr für uns im Neuen Bund. Vergebung ist ja so einfach. Wir beten und schon ist alles wieder in Ordnung. Schließlich ist Jesus ja am Kreuz gestorben, damit wir Vergebung haben.

Aber wenn wir wirklich verstehen, was dieses Opfer Jesus gekostet hat und wie groß, heilig und allmächtig Gott ist, dann wird deutlich, dass wir nicht leichtfertig mit der Sünde umgehen dürfen. Echte Gottesfurcht aus Liebe zu Gott kann uns helfen, nicht zu sündigen!

Das wird dann in der Bibel auch sehr konkret. Da heißt es z. B. in 3. Mose 25,17:

„So übervorteile nun keiner seinen Nächsten, sondern fürchte dich vor deinem Gott; denn ich bin der HERR, euer Gott."

Gottesfurcht soll also dazu führen, dass wir uns auch untereinander gerecht und liebevoll verhalten. Wir sollen Gott lieben von ganzem Herzen, ganzer Seele und mit aller unserer Kraft – und unseren Nächsten wie uns selbst. Eine ganze Reihe von Gesetzen in 3. Mose wird auf diese Weise begründet!

Und noch ein Letztes will ich aufzeigen, wozu Gottesfurcht uns führen will. In 2. Korinther 5,11a schreibt Paulus:

„Weil wir nun wissen, dass der Herr zu fürchten ist, suchen wir Menschen zu gewinnen; ..."

Ich möchte es so ausdrücken: Gottesfurcht macht uns missionarisch. Wenn wir begreifen, wie groß und allmächtig und heilig Gott ist, wird es umso dringlicher, dass wir uns bemühen, andere mit der guten Nachricht der Vergebung in Jesus Christus zu gewinnen. Sonst gehen sie ewig verloren! Wenn Gott nicht zu fürchten wäre, wenn er ein schwacher Gott wäre, der großzügig und großmütig über Sünde hinwegsieht, dann wäre Mission nicht so dringlich. Dann hätte übrigens auch Jesus nicht am Kreuz sterben müssen.

Aber weil Gott zu fürchten ist, weil er heilig und gerecht ist, hat er einen Weg der Erlösung geschaffen, indem er seinen einzigen Sohn an unserer Stelle ans Kreuz schlagen ließ. Echte Gottesfurcht macht uns daher zu missionarischen Menschen.

Ich glaube, dass wir beides im Auge behalten müssen: Gottes Heiligkeit und seine Liebe. Er ist der allmächtige Schöpfer und Herrscher des Universums und unser Vater, der Richter der Welt und ihr Erlöser.

Liebe und Gottesfurcht gehören daher untrennbar zusammen, denn der heilige Gott ist unser liebender Vater!

BUSS- UND BETTAG
Gott ganz vertrauen!

Buße – damit können wir heute eigentlich nicht mehr viel anfangen. Was meint dieses Wort eigentlich? Und warum sollte man gar einen Feiertag haben, der ausdrücklich der „Buße" und dem „Gebet" gewidmet ist? Viele (auch viele Christen) waren daher durchaus einverstanden, als dieser Feiertag zugunsten der Pflegeversicherung abgeschafft wurde. Wer will schon gerne „büßen" für etwas?

Auf der anderen Seite kann „Buße" – richtig verstanden als Umkehr von einem falschen Weg – sehr wichtig und hilfreich sein. Wer sich in einer Stadt verfahren hat, kann natürlich einfach weiterfahren. Er wird sein Ziel dann aber nicht erreichen. Hier hilft nur eine Umkehr. Und genau das ist mit „Buße" gemeint: umkehren von einem falschen Weg und den richtigen Weg einschlagen. Und dieser richtige Weg kann nur darin bestehen, sich wirklich mit seinem ganzen Leben auf Gott auszurichten und seine Wege zu gehen.

Wer ist dieser Gott eigentlich, von dem wir hier reden? In der Bibel stellt er sich an vielen Stellen vor, am deutlichsten in seinem Sohn Jesus Christus, der sagt: „*Wer mich sieht, sieht den Vater!*" (Joh 14,9b). Im Alten Testament stellt Gott sich so vor:

„*So spricht der HERR, der König Israels, und sein Erlöser, der HERR Zebaoth: Ich bin der Erste, und ich bin der Letzte, und außer mir ist kein Gott.*" (Jes 44,6)

KÖNIG UND ERLÖSER – MEIN BILD VON GOTT

Viele Menschen haben Schwierigkeiten mit ihrer Vorstellung von Gott. Manche sagen: „Ich brauche keinen Vater im Himmel. Mein Vater auf Erden reicht mir gerade." Andere sind durch negative Erfahrungen, die sie mit Christen gemacht haben, zu der

Überzeugung gekommen, an der Sache mit Jesus könne nicht viel dran sein. Und wieder andere sagen: „Die Kirche hat so viel falsch gemacht. Wie soll ich da an das Christentum glauben?" Das Problem ist eigentlich immer und überall das Gleiche: Erfahrungen mit Menschen werden auf Gott projiziert, führen dazu, dass unsere Vorstellung von Gott und Glaube negativ belastet sind.

Dabei rede ich jetzt überhaupt nicht von solchen Menschen, die aus diesem Grund nichts von Gott wissen wollen. Ich rede von uns, die wir uns Christen nennen. Ich rede also von Menschen, die mit Gott etwas anfangen können oder sich zumindest für ihn interessieren.

In Apostelgeschichte 8 finden wir einen interessanten Bericht. Er handelt von einem Mann, der mit seiner Gottesbeziehung Schwierigkeiten hatte, weil er seine alten Vorstellungen von Gott mit in seine neue Beziehung zu Jesus Christus hineingenommen hatte, also keinen neuen Weg eingeschlagen hatte. Er hieß Simon – aber nicht jener Simon Petrus, den wir alle kennen, sondern ein Simon, der in Samarien wohnte.

Simon war ein sehr religiöser Mann. Er verdiente sogar seinen Lebensunterhalt mit seiner Religiosität. Er war nämlich Zauberer. Damit meine ich jetzt nicht einen sogenannten „Illusionskünstler", der mit Schnelligkeit und Tricks „zaubert", sondern einen Menschen, der wirklich mit Mächten der jenseitigen Welt in Kontakt steht und daher in der Lage ist, aus ihnen Nutzen zu schlagen. Meistens sind diese Menschen der Überzeugung, sie würden die Geister beherrschen. Irgendwann stellen sie dann fest, dass sie in Wirklichkeit von ihnen beherrscht werden. Simon war noch nicht an diesem Punkt angekommen. Er war ein Zauberer, ein Herrscher über die Geister der jenseitigen Welt, wie er meinte. Mit seiner Zauberei konnte er viel Geld verdienen – bis diese Christen kamen.

Sie waren aus Jerusalem vertrieben worden und machten jetzt Samarien mit ihrer neuen Lehre bekannt. Auch Simon hörte interessiert zu. Da erzählte ein Mann namens Philippus von Jesus aus Nazareth, der drei Jahre mit seinen Jüngern durch das Land gezogen war. Dieser Jesus war am Kreuz in Jerusalem gestorben, aber nach drei Tagen wiederauferstanden und dann in den Himmel aufgefahren. Simon hörte zu und glaubte. Jesus war viel größer und mächtiger als seine Geister. Mit diesem Jesus musste er unbedingt Kontakt aufnehmen. Simon entschloss sich daher zu einem radikalen Schritt: Er wurde Christ und ließ sich taufen.

Aber sein Schritt war nicht radikal genug. Er trennte sich nicht von seinen bisherigen Vorstellungen, dass er Macht über die unsichtbare Welt habe. Es war keine wirkliche „Buße" im biblischen Sinn – die Abkehr vom Alten und die Hinwendung zum Neuen. Simon war vielmehr ganz begeistert von den Taten und Wundern, die durch die Christen geschahen. Hier war noch viel mehr „Macht" zu holen als bei seinen früheren Geistern.

Wir sehen dies deutlich, als dann wenig später der andere Simon, nämlich Simon Petrus, der Apostel, nach Samarien kam. Er war Abgesandter der Gemeinde in Jerusalem und sollte die neue Christusbewegung in Samarien „unter die Lupe nehmen". Als dieser Petrus nach Samarien kam, geschahen ungewöhnliche Dinge. Er legte den Christen die Hände auf und betete für sie. Dabei empfingen diese Menschen den Heiligen Geist, der ihr Leben sichtbar und radikal veränderte. Es wird in der Apostelgeschichte nicht genau geschildert, welche unmittelbaren Auswirkungen diese Ausgießung des Heiligen Geistes in Samarien hatte, aber ganz offensichtlich waren die Folgen deutlich zu sehen und zu spüren. Menschen wurden verändert und erneuert, Beziehungen wurden heil und Wunder geschahen.

Dieses Ereignis war etwas ganz Außergewöhnliches und Einzigartiges. Normalerweise kommt der Heilige Geist in einen

Menschen, wenn dieser sich für ein Leben mit Jesus Christus entscheidet. Damals in Samarien wollte Gott offensichtlich deutlich machen, dass die von den Juden eigentlich verhassten und abgelehnten Samariter genauso Christen waren wie die Juden, die seit Pfingsten Christen geworden waren. Deshalb musste Petrus nach Samarien kommen und den Menschen dort die Hände auflegen, damit sie den Heiligen Geist empfingen.

Aber bleiben wir bei dem Zauberer Simon. Simon sah die Auswirkungen, die der Heilige Geist im Leben der Menschen hatte. Er sah die Veränderungen und die Kraft, die ihr Leben jetzt ausstrahlte. Und er merkte auch, dass dieser andere Simon, dieser Petrus, offensichtlich etwas ganz Besonderes war. Das wollte er auch haben. Er wollte auch die Fähigkeit haben, den Heiligen Geist an Menschen zu vermitteln. Deshalb bot er Petrus und den anderen Aposteln Geld an, damit sie ihn sozusagen einführten und ihm diese Fähigkeit beibrachten.

Hier wird das Problem des Zauberers Simon deutlich. Seine „Buße" war nur halbherzig gewesen. Er hatte sich zwar zu Jesus hingewandt und auch taufen lassen. Aber er hatte sich nicht von seinen bisherigen Vorstellungen über Gott und die jenseitige Welt abgewandt, sondern diese einfach auf den neuen Glauben übertragen. Sein ganzes Denken drehte sich noch immer um die alten Dinge: Macht und Ehre, Ansehen und Erfolg. Und er meinte noch immer, dies dadurch erreichen zu können, dass er die jenseitige Welt, dass er Gott selbst zu manipulieren lernte. Wahre Buße aber bedeutet sowohl Abkehr von dem Falschen als auch Hinkehr zu dem Richtigen!

Sicher ist dies ein sehr krasses Beispiel. Niemand von uns würde vermutlich so denken. Aber das Prinzip findet sich vielfältig – auch in unseren Gemeinden. Wir alle haben ja so unsere Vorstellungen von Gott, wenn wir Christen werden. Häufig sind diese Vorstellungen von unseren Erfahrungen mit Christen, mit

Gemeinden, mit unseren Eltern (und hier besonders dem Vater) geprägt. Und ebenso häufig sind sie daher falsch. Und genau diese falschen Vorstellungen übertragen wir nun auf Gott. Ich glaube, dass dies wirklich für jeden Menschen gilt. Jeder hat solche falschen Vorstellungen von Gott und Erwartungen oder Ängste ihm gegenüber.

Einer hat vielleicht erlebt, dass er es seinem Vater nie recht machen konnte. Immer hatte er den Eindruck, er sei nichts wert und könne nichts. Und nun projiziert er diese Vorstellung auf Gott und fühlt sich ständig schlecht und ungenügend.

Oder da ist jener Mensch, der in Gott immer den Mann mit dem erhobenen Zeigefinger sieht, der bei jeder Bewegung hinter uns steht und uns beobachtet. Und sobald wir irgendetwas falsch machen, schlägt er erbarmungslos zu. Jede Krankheit, jedes Missgeschick wird dann zu einer Strafe Gottes umgedeutet.

Und natürlich gibt es auch Menschen, die ihre Eltern überhaupt nicht oder nicht als jemanden erlebt haben, der Grenzen aufzeigt. Ihre Eltern wollten vielleicht von Anfang an die Freunde der Kinder sein. Sie gaben immer nach, wenn das Kind Druck machte, ließen sich von ihm bestimmen. Und auch das wird dann auf Gott übertragen. Wenn wir nur lange genug betteln, wenn wir nur genug Druck ausüben, dann tut Gott das, was wir wollen. Gott wird als genauso schwach angesehen, wie die eigenen Eltern als schwach erlebt wurden.

Man könnte so weiter machen. Vermutlich ist ja auch jeder davon überzeugt, dass ich Recht habe. Jedenfalls was den Nachbarn neben ihm angeht. Denn bei sich selbst sieht man diese falschen Gottesbilder natürlich nicht. Wenn man wüsste, dass die eigenen Vorstellungen von Gott falsch sind, wäre das Problem ja schon zum größten Teil gelöst.

Was können wir tun? Was hilft hier wirklich? Kommen wir noch einmal zu unserem Zauberer Simon zurück. Er wird von Petrus ganz hart zurechtgewiesen. Petrus sagt zu ihm:

„Dass du verdammt werdest mitsamt deinem Geld, weil du meinst, Gottes Gabe werde durch Geld erlangt. Du hast weder Anteil noch Anrecht an dieser Sache; denn dein Herz ist nicht rechtschaffen vor Gott. Darum tu Buße für diese deine Bosheit und flehe zum Herrn, ob dir das Trachten deines Herzens vergeben werden könne. Denn ich sehe, dass du voll bitterer Galle bist und verstrickt in Ungerechtigkeit." (Apg 8,20-23)

Petrus macht deutlich, dass Simons Entscheidung für Jesus nicht radikal genug gewesen war. Sie ging nicht wirklich an die Wurzel, sondern war nur oberflächlich. Simon wird deswegen zur wirklichen Umkehr aufgerufen.

Damit bin ich bei dem zweiten Punkt:

„ICH SETZE MEIN VERTRAUEN AUF DICH"

In einem Lied heißt es: *„Du König, Jahwe, mein Befreier, ich setze mein Vertrauen auf dich".* Darum geht es, dass wir unser ganzes Leben festmachen an Gott, so wie er uns in der Bibel vorgestellt wird. Wir müssen uns deshalb zunächst einmal fragen lassen, ob unsere Entscheidung für Jesus Christus wirklich echt war. Und natürlich auch, ob wir uns überhaupt schon für ihn entschieden haben. Wer sich zu einem Leben mit Jesus entschließt, der wird nicht einfach nur etwas frommer. Es geht nicht darum, jetzt auch noch Jesus irgendwie mit in das Leben hineinzunehmen. Jesus beansprucht vielmehr den ersten Platz. Er kommt in unser Leben, um darüber zu herrschen.

Christsein ist nur dann eine wirklich befreiende und erlösende Angelegenheit, wenn wir wirklich ganze Sache mit Jesus machen. Wenn er nicht nur ein Anhängsel an unser Leben, sondern die Mitte ist. Das ist das Erste: Jesus Christus muss die Mitte in unserem Leben sein.

Und dann ist das Zweite auch noch wichtig und notwendig: Lass deine Vorstellungen von Gott durch Gott selbst korrigieren.

Nehmen wir einmal an, wir hätten die Chance, einen ganz berühmten Schauspieler kennenzulernen – sagen wir Bruce Willis. Wir kennen vielleicht eine ganze Reihe seiner Filme: „Stirb langsam" oder „Das fünfte Element". Und natürlich haben wir eine Vorstellung davon, wie dieser Willis wohl so ist.

Dann begegnen wir ihm – und stellen nach und nach fest, dass er nicht einfach derjenige ist, den wir aus seinen Filmen kannten – oder besser gesagt: zu kennen meinten. Vielleicht ist er in Wirklichkeit sehr viel weniger kantig und hart, als wenn er einen Actionhelden darstellt.

Jetzt können wir mit dieser neuen Erkenntnis auf zwei Arten umgehen: Wir können an unserer bisherigen Vorstellung über Bruce Willis festhalten. Nur werden wir dann mit dem wirklichen Bruce Willis nicht zurechtkommen, weil er einfach nicht so ist, wie wir das erwarten. Wir können natürlich auch unsere bisherigen Vorstellungen durch den wirklichen Bruce Willis korrigieren lassen. Nur dann kann eine wirkliche Beziehung zu ihm entstehen.

Mit Gott ist das nicht anders. Jeder hat seine eigenen Vorstellungen von ihm – auch du! Du kannst an diesen Vorstellungen festhalten. Aber dann wirst du immer unglücklich bleiben in deinem Leben als Christ. Gott wird dir völlig unberechenbar vorkommen. Vielleicht hast du sogar Angst vor ihm. Oder du interpretierst jedes Missgeschick und jede Krankheit sofort als Strafe Gottes und fühlst dich schuldig. Oder du lebst so, als sei Gott so eine Art lieber, aber doch schon recht seniler Opa, der eigentlich nicht ernst zu nehmen ist, und den man mit genügend Druck um den Finger wickeln kann – nur dass du immer wieder feststellen musst, dass Gott nicht so „funktioniert".

In all diesen Fällen ist Christsein letztlich ein einziger Krampf. Wer an einer falschen Vorstellung festhält, wird immer wieder an der Wirklichkeit scheitern. Die einzig vernünftige Art, mit dieser Tatsache umzugehen, ist, dass wir unsere Vorstellungen, die wir von Gott haben, von Gott selbst korrigieren lassen.

Nur – wie geht das? Gott ist ja kein menschliches Gegenüber, das man betrachten und studieren könnte. Vieles von unseren Erfahrungen als Christ ist mehrdeutig. Woher weiß ich denn, ob die Krankheit, die mir begegnet, eine Strafe Gottes ist oder eine Versuchung oder ob Gott sie einfach zugelassen hat, weil er dadurch etwas Positives in meinem Leben bewirken möchte, oder ob es nicht noch ganz andere Gründe gibt, die ich einfach nicht verstehen kann? Woher kann ich wirklich zuverlässige Informationen über Gott bekommen, an denen ich meine falschen Vorstellungen korrigieren kann?

Es gibt da eine Quelle, an der wir wirklich zuverlässige und unverfälschte Informationen über Gott, sein Wesen und seinen Willen erhalten: die Bibel. Je mehr wir in der Bibel über Gott erfahren und je mehr dies unsere falschen Vorstellungen von ihm korrigiert, umso tiefer und erfüllender wird unsere Beziehung zu ihm werden. Darum: Studiere in der Bibel, wie Gott wirklich ist. Lass Gott dein Denken über ihn verändern. Und dann setz dein ganzes Vertrauen auf ihn! Gib Jesus Christus den ersten Platz in deinem Leben. Das macht es reich und tief. Denn dazu sind wir Menschen geschaffen. Nur dann kann die innere Leere in uns ausgefüllt werden. Und dann lass dein Denken über Gott von Gott selbst korrigieren. Erfahre mehr und mehr über Gott in der Bibel, sodass deine Beziehung zu ihm immer tiefer wird.

Ich möchte an dieser Stelle noch einen kleinen „Seitenhieb" austeilen. Ich bin der festen Überzeugung, dass es eigentlich jedem Christen guttun würde, wenn er zumindest ein Jahr seines Lebens damit verbringen würde, auf einer Bibelschule intensiv über Gott nachzudenken. Wir machen mehrjährige Ausbildungen, um unseren Beruf auszuüben. Dabei ist der Beruf ja nur ein kleiner Teil unseres Lebens. Was tun wir eigentlich für das, was unser ganzes Leben bestimmen und ausmachen sollte?

Viele werden nun denken, dass ich ja gar nicht anders kann, als so zu reden. Schließlich bin ich Lehrer und Studienleiter an einer Bibelschule. Ja, es sieht so aus, als sei das nur noch ein Stück Werbung in eigener Sache. Aber es ist nicht so. Denn ob man nun eine Bibelschule am Theologischen Seminar Rheinland (TSR) macht oder sonst wo an einer Bibelschule, ist nicht so entscheidend.

Mir ist vielmehr wichtig, dass wir uns nicht mit dem zufrieden geben, was wir bisher erreicht haben. Und auch wenn man schon eine vier- oder fünfjährige theologische Ausbildung hinter sich hat, darf das nicht das Ende sein. Wir müssen Lernende bleiben. Solange wir leben, muss es darum gehen, Gott immer besser und tiefer kennenzulernen, indem wir sein Wort immer besser und tiefer kennen lernen, und dadurch unsere falschen Vorstellungen von ihm immer mehr korrigieren lassen.

„Ich setze mein Vertrauen auf dich." So singen wir in unseren Liedern. Und genau darum geht es: dass wir unser ganzes Leben Gott geben, vorbehaltlos. Das ist die wahre Umkehr, die wahre Buße. Und dass wir uns dann von ihm in unserem Sein und in unserem Denken korrigieren lassen. Bischof Hugo Aufderbeck hat einmal gesagt: „Gott kennt dein Gestern. Gib ihm dein Heute. Er sorgt für dein Morgen."

EWIGKEITSSONNTAG
Wie kann Gott das zulassen?

Ein Sonntag im Jahr (und auch noch als Abschluss des Kirchenjahres), an dem man über den Tod nachdenken soll – ist das noch zeitgemäß? Wo wir doch den Tod so geflissentlich aus unserem gesamten Leben ausklammern, dass er möglichst nur noch als Fußnote oder überhaupt nicht mehr erscheint. Wie sollte es auch anders sein, wenn selbst der Deutsche Evangelische Kirchentag im Jahr 2015 zwar die zweite Hälfte des Bibelverses zu seinem Motto machte: *„... auf dass wir klug werden"*, aber die erste Hälfte einfach unter den Tisch fallen lässt: *„Lehre uns bedenken, dass wir sterben müssen, ..."* (Ps 90,12)?

Dabei geht es nicht nur um die Frage nach dem eigenen Tod, die hier ausgeklammert wird. Es geht auch um die viel größere Frage nach der Gerechtigkeit Gottes, nach seiner Liebe und Zuwendung zum Menschen, die unbeantwortet bleiben muss, wenn der Tod und die Ewigkeit einfach ausgeklammert werden. Eine Frage, die immer nur dann gestellt wird, wenn der Tod wieder einmal unausweichlich geworden ist, entweder durch eine große Naturkatastrophe oder durch die ganz persönliche Katastrophe im eigenen, familiären Umfeld: Wie kann Gott das zulassen?

Wie viel Leid geschieht jeden Tag? Da sterben ca. 30.000 Kinder jeden Tag an Unterernährung oder vermeidbaren Krankheiten. 30.000 Kinder täglich – das heißt alle drei Sekunden stirbt ein Kind, und das bloß, weil nicht genügend Geld da ist, um ihm zu essen zu geben oder weil eine einfache Medizin fehlt, mit der es hätte überleben können. Wie kann Gott so etwas zulassen?

Oder da sind die vielen Massaker, die immer wieder geschehen. Vielleicht kennen wir noch die Namen Hutu und Tutsi. Radikale Hutu (ein afrikanischer Volksstamm) ermordeten in Ruanda von April bis Juni 1994 rund 800.000 Tutsi (ein anderer Volksstamm) und moderate Hutu. Wie konnte Gott so etwas zulassen?

Oder da sind Länder wie Syrien und andere Länder der Welt, in denen zurzeit Bürgerkrieg oder bürgerkriegsähnliche Zustände herrschen, und wo jeden Tag hunderte von Menschen umkommen. Wie kann Gott das zulassen?

Aber wir brauchen ja gar nicht so weit zu gehen. Da sind ja auch immer wieder Krankheit und Tod – auch bei Kindern Gottes, auch in unserem eigenen Leben! Warum ist das so? Warum gibt es auf dieser Welt so viel Elend, Not und Krieg, so viel Leid, Krankheit und Tod? Wenn Gott doch ein Gott der Liebe ist – warum greift er nicht ein? Und wenn Gott ein Gott der Gerechtigkeit ist – warum geht es dann so ungerecht in dieser Welt zu? Wie kann Gott gerecht sein, wenn solche Katastrophen alle gleichermaßen betreffen: Sünder und Christen, Erwachsene und kleine Kinder?

Viele fragen sich das, auch viele Christen. Ich möchte daher hier darüber nachdenken, was die Bibel zu dieser Frage sagt. Wir wollen das in vier Schritten tun:

1. Diese Welt ist böse, weil der Teufel regiert,
2. Diese Welt besteht, weil Gott regiert,
3. Gott ist und bleibt Liebe – auch wenn wir ihn nicht verstehen
4. Gottes neue Welt kommt – bis dahin müssen wir handeln.

DIESE WELT IST BÖSE, WEIL DER TEUFEL REGIERT

Wenn wir wissen wollen, warum es so viel Leid, Not und Elend in dieser Welt gibt, dann müssen wir an den Anfang zurückgehen. Wir müssen zurück in das Paradies, wo Adam und Eva der Versuchung nicht widerstehen konnten und in Sünde fielen. Seit damals, seit dieser folgenschweren Entscheidung, ist diese Welt unter die Herrschaft des Teufels gefallen. Er regiert diese Welt. Paulus schreibt in 2. Korinther 4,4, dass der Teufel der „*Gott dieser Welt*" ist. Alles, was es an Schlechtem und Bösem gibt, alle

Krankheit, alles Leiden und aller Tod sind letztlich Folge dieser Herrschaft des Teufels.

Seit dem Sündenfall werden wir Menschen bereits auf der falschen Seite geboren. Wir sind losgelöst von Gott, leben ohne ihn, sind geistlich tot. Und deshalb sündigen wir. Deshalb tun wir einander so unendlich viel Böses an. Der Mensch ist zum Feind des Menschen geworden. Viele der großen Katastrophen dieser Welt sind durch den Menschen und seine Sünde gemacht.

Seit dem Sündenfall ist aber auch die Natur und mit ihr diese ganze Welt gefallen. Diese Welt steht unter der Herrschaft des Teufels. Deshalb ist die Natur nicht mehr heil, kein Paradies mehr, sondern von Tod und Zerstörung bedroht. Die Sünde hat in der Natur nicht nur dazu geführt, dass unter den Tieren das Fressen und Gefressenwerden und das Recht des Stärkeren herrscht, sondern auch dazu, dass die Welt immer wieder durch Naturkatastrophen und Unglücke heimgesucht wird. Was will man auch anders erwarten dort, wo der Teufel herrscht, der große Durcheinanderbringer, der Mörder von Anfang an, wie die Bibel ihn beschreibt (Joh 8, 44).

Damit haben wir also zunächst einmal die Frage geklärt, woher letztlich Leid und Elend, Not, Krankheit und Tod und auch die vielen Naturkatastrophen kommen. Diese Welt ist böse, weil der Teufel regiert! Und doch ist damit noch längst nicht alles gesagt. Benutzt nicht auch Gott Katastrophen, Krankheit und Leid, um zu seinen Zielen zu kommen? Sind solche Ereignisse nicht häufig Gerichtshandeln Gottes? Und außerdem bleibt da ja auch noch die Frage, warum Gott nicht eingreift, warum er solche schrecklichen Katastrophen wie die vielen Erdbeben und andere Ereignisse der letzten Monate oder einen Bürgerkrieg wie in Syrien nicht verhindert. Und warum sorgt Gott nicht wenigstens dafür, dass seine Kinder von diesen Katastrophen verschont bleiben?

Als vor einigen Jahren dieser schreckliche Tsunami in Asien gewütete hatte, konnte man hinterher in verschiedenen christlichen Zeitschriften und Magazinen Berichte von Menschen aus den Krisengebieten im Indischen Ozean lesen. Da wurde von Bewahrung erzählt, aber auch von Tod und Untergang. Manche Christen berichteten, dass Gott ihnen geholfen und sie gerettet hatte, andere hatten dies nicht erfahren, obwohl sie bestimmt keine schlechteren Christen waren. Zum Teil hatte die Riesenwelle ganze Gemeinden, die gerade Gottesdienst feierten, in den Tod gerissen.

Manchmal hören wir in unseren Gemeinden bewegende Zeugnisse von Menschen, die sehr krank gewesen waren und von Gott geheilt wurden. Aber was ist mit denen, die auch Christen sind, und bei denen Gott nicht eingegriffen hat? Ist Gott da nicht ungerecht? Ich komme damit zum zweiten Punkt:

DIESE WELT BESTEHT, WEIL GOTT REGIERT

Der Teufel regiert diese Welt. Gott aber regiert das ganze Universum, von dem diese Welt nur ein verschwindend kleiner Teil ist. Und Gott greift oft genug ein! Ich bin überzeugt, dass diese Welt schon längst nicht mehr existieren würde, wenn das nicht so wäre. Diese Welt besteht nur deshalb noch immer, weil Gott regiert! Nichts entgleitet Gott! Wenn wir einerseits gesehen haben, dass das Negative in dieser Welt, Leid, Krankheit und Tod, letztlich auf den Teufel und sein verderbendes Handeln zurückgeht, ist doch auf der anderen Seite Gott immer noch der Herr. Nichts geschieht, ohne dass Gott es zulässt oder schickt. Und wenn Gott diese Welt nicht erhalten würde, wäre sie längst im Chaos versunken!

Paulus schreibt in Kolosser 1, dass alles, das ganze Universum, die sichtbare und die unsichtbare Welt, durch Jesus Christus geschaffen wurde. Und dann fährt er fort und sagt: „*Und er ist vor allem, und es besteht alles in ihm*"(Kol 1,17). Das heißt, dass Gott in Jesus uns und unsere Welt erhält. Der Teufel darf nicht tun, was er will. Das zeigt uns vor allem das Buch Hiob ganz deutlich. Ich glaube, dass wir einmal darüber staunen werden, wo und wie und auch wie oft Gott in unserem eigenen Leben eingegriffen und uns geholfen hat!

Auf der anderen Seite aber gibt es keinen Anspruch auf diese Hilfe Gottes. Gott ist souverän und handelt souverän. Er tut, was er will, sagt die Bibel. Wie sollte es auch anders sein!

Wenn Menschen jetzt fragen, warum Gott nicht eingegriffen und z. B. die Giftgasangriffe in Syrien verhindert hat – oder warum er nicht wenigstens dafür gesorgt hat, dass viele Menschen die Gefahr rechtzeitig genug erkannten und sich retten konnten, dann muss man diesen Gedanken ja auch einmal zu Ende denken. Bei diesem Angriff hätte er eingreifen sollen. Aber was ist z. B. mit den Unruhen der letzten Jahre in Ägypten oder Libyen? Hätte er da auch eingreifen müssen? Schließlich sind dabei ja auch viele Menschen ums Leben gekommen. Wir groß muss das Leid sein, dass Gott eingreift?

Müsste Gott dann nicht, wenn wir wirklich konsequent weiterdenken, auch alle Not, alles Elend, alle Krankheit und allen Tod verhindern? Und wie ist das mit den Dingen, wo wir aneinander schuldig werden, wo wir einander verletzen und schädigen? Müsste Gott uns nicht daran hindern? Müsste Gott nicht Ehepaare daran hindern, sich scheiden zu lassen? Müsste er nicht Kinder daran hindern, ihren Eltern ungehorsam zu sein? Und wo und wie hätte Gott dann heute schon in meinen Alltag eingreifen müssen, um mich daran zu hindern, zu sündigen?

Nur – wo wäre dann noch unsere menschliche Freiheit? Wären wir dann nicht einfach Marionetten, wenn wir nur noch das tun könnten, was Gott will und was uns selbst und einander guttut?

Wir sehen: So einfach ist das nicht mit der Gerechtigkeit und Barmherzigkeit Gottes. Offensichtlich hat Gott sich entschlossen, den paradiesischen Zustand auf dieser Welt nicht durch Zwang wiederherzustellen. Ich weiß nicht, warum er das getan hat. Aber ich weiß, dass es so ist. Gott hat stattdessen einen anderen Weg eingeschlagen. Er hat seinen eigenen Sohn in diese Welt geschickt, um für uns Vergebung zu schaffen und einen neuen Anfang zu ermöglichen. Und er wird einmal alles neu machen. Er wird einmal einen neuen Himmel und eine neue Erde schaffen, auf der dann wirklich und vollkommen Gerechtigkeit, Friede und Liebe herrschen.

Bis dahin bleibt uns nur das eine: Gott lieben und ihm vertrauen. Auch wenn wir ihn nicht verstehen, wenn wir nicht begreifen, warum unser Gebet nicht erhört wird, wenn wir seine Gerechtigkeit nicht erkennen können, auch dann gilt es, ihm und seiner Liebe zu vertrauen, denn – und das ist das dritte:

GOTT IST UND BLEIBT DIE LIEBE – AUCH WENN WIR IHN NICHT VERSTEHEN

Eines unserer größten Probleme ist, dass wir Gott und sein Handeln oft nicht verstehen. Da bemühen wir uns, nach seinem Willen zu leben, setzen uns für andere ein, spenden für die Mission – und doch haben wir große gesundheitliche oder finanzielle Nöte. Warum antwortet Gott nicht? Da lebt einer neben uns in der Gemeinde, der tut das alles nicht. Der scheint sich nur um sich selbst zu kümmern. Und doch gelingt ihm alles und es geht ihm gut. Ganz zu schweigen von denen, die Gott nicht kennen und scheinbar ohne größere Probleme durchs Leben kommen.

Da berichtet jemand davon, wie Gott ihm geholfen hat. Und ich denke: Und warum hilft er mir nicht? Dem einen hilft Gott in einer lebensbedrohlichen Situation. Andere Christen erleben das Gegenteil. Sie selbst oder Angehörige von ihnen sterben oder haben Unfälle, werden schwer verletzt und sind für ihr ganzes Leben gezeichnet. Offensichtlich können wir aus dem, was Gott in einem Fall tut, nicht ableiten, was er in einem anderen Fall tun wird. Warum ist das so? Warum macht Gott es einmal so und einmal so? Ist das nicht ungerecht?

Wir hätten so gerne einen berechenbaren Gott. Wir wüssten gerne, was wir tun müssen, damit Gott auch uns in unseren Schwierigkeiten hilft. Und manche Bücher versprechen uns ja auch eine solche Methodik: „How to ...“ – Wie bekommen wir Gott in den Griff? In manchen dieser Bücher werden ganz ungeniert irgendwelche geistlichen Methoden angepriesen, mit denen man Gottes Segen erzwingen kann: Du musst dir nur ganz genau vorstellen, was du dir erbittest, dann wird es auch Wirklichkeit. So lautet eine dieser Ansichten. Oder, etwas weniger spektakulär: Du musst Gott gehorsam sein, dann segnet er dich. Krankheit und Not sind Zeichen des Fluches Gottes. Wenn du also krank bist, hast du irgendwo gesündigt.

Mit dieser Irrlehre hatten schon die Freunde Hiobs versucht, dessen Krankheit zu erklären. Ich glaube, dass wir uns von all diesen geistlichen Mechanismen verabschieden müssen. Wir bekommen Gott durch nichts in den Griff! Wir leben in einer gefallenen Welt. Deshalb bekommen wir Schnupfen, Allergien, Depressionen oder Herzinfarkte. Deshalb sterben wir. Deshalb gibt es Unglücke und Unfälle.

Wenn uns ein Unglück begegnet, dann fragen wir oft: „Wofür ist das gut?“ Ich glaube, schon dies ist eine falsche Frage! Dass Menschen leiden und sterben, ist nicht gut und wird nicht gut. Leid ist für gar nichts gut! Es ist die Folge davon, dass Adam und Eva gesündigt haben und dadurch diese ganze Welt und wir mit ihr unter die Herrschaft des Teufels gekommen sind. Die Bibel sagt nicht, dass alles, was uns begegnet, gut für uns ist. Aber Paulus sagt, dass alles, was uns begegnet, zu unserem Besten beitragen wird, wenn wir Gott lieben (Röm 8,28). Das ist etwas anderes! Das heißt, dass Gott aus allem, selbst aus dem Schlimmsten, für seine Kinder etwas Gutes machen kann, ohne dass dadurch das Schlimme gut wird.

Deshalb geht es auch in der Bibel und im christlichen Glauben nicht um eine Methodik, wie man sein Leben besser, reicher oder gesünder machen kann. Es geht um etwas ganz anderes: um Liebe und Vertrauen zu dem Gott, der Himmel und Erde geschaffen hat, der in Jesus unser Vater geworden ist, und dem wir daher auch mitten im Leid, mitten im Tal des Todesschattens, vertrauen können!

Wenn wir also das nächste Mal von jemandem hören, wie Gott ihn gerettet, wie er ihm geholfen hat, dann sollten wir daraus nicht schließen: Wenn ich also dies oder jenes tue, dann hilft Gott mir auch! Sondern wir sollten über die Größe Gottes staunen und ihn anbeten. Einem solchen Gott können wir auch für unser eigenes Leben vertrauen – ob er uns nun in gleicher Weise hilft oder nicht. Bei ihm sind wir bestens aufgehoben!

Paulus sagt: *„Der auch seinen eigenen Sohn nicht verschont hat, sondern hat ihn für uns alle dahingegeben – wie sollte er uns mit ihm nicht alles schenken?"* (Röm 8,32). Das heißt doch: Wenn wir Jesus anschauen, wenn wir sehen, wie er am Kreuz für unsere Schuld und Sünde einen grausamen, furchtbaren Tod stirbt, wie er dieses ganze Leiden auf sich nimmt aus Liebe zu uns, dann können wir daran sehen, dass Gott bedingungslos und unabdingbar auf unserer Seite steht. Wenn Gottes Liebe zu uns so groß ist, dann können wir ihm für alles vertrauen. Dann brauchen wir keine Angst zu haben, er könnte uns irgendwie aus den Augen verlieren.

Auch wenn wir ihn und sein Handeln nicht verstehen, wissen wir doch, dass seine Liebe nicht weniger geworden ist und er uns festhält bis ans Ziel. Gott ist und bleibt die Liebe! Am Ende erwartet uns der auferstandene Herr in seinem Reich. Damit bin ich beim vierten und letzten Punkt:

GOTTES NEUE WELT KOMMT –
BIS DAHIN MÜSSEN WIR HANDELN

Diese Welt ist nicht das Eigentliche. Das Eigentliche kommt noch! Diese Welt ist nur ein Präludium, ein Vorspiel vor der Ewigkeit. Ich denke, dass wir es immer wieder lernen müssen, diese Perspektive zu bekommen. Wir vergessen das so schnell. Eine Reihe unserer Probleme mit Gott und seiner Gerechtigkeit rührt daher, dass wir diese Perspektive verloren haben.

Da stirbt ein Mensch, obwohl er ein gutes Leben geführt, sich für andere eingesetzt, als Christ einen wichtigen Platz ausgefüllt hat – und wir verstehen Gott nicht.

Wenn wir hier die Perspektive der Ewigkeit vergessen, werden wir an Gott und seiner Gerechtigkeit immer scheitern. Wenn wir aber sehen, dass Gott noch eine ganze Ewigkeit Zeit hat, Ungerechtigkeiten wiedergutzumachen, die wir auf dieser Erde nun einmal erleben, weil sie eine gefallene Schöpfung ist, dann wird das, was uns so Schwierigkeiten macht, auf einmal ins rechte Licht gerückt.

Jesus hat ja die Geschichte vom reichen Mann und dem armen Lazarus erzählt. Da ist auf der einen Seite ein Mann, der alles hat und dem es gut geht. Auf der anderen Seite steht Lazarus. Er ist arm und muss betteln, um überleben zu können. Dann aber, als beide gestorben sind, wendet sich das Blatt. Jesus sagt: *„Gedenke, Sohn, dass du dein Gutes empfangen hast in deinem Leben, Lazarus dagegen hat Böses empfangen; nun wird er hier getröstet, und du wirst gepeinigt."* (Lk 16,25)

Jesus will nicht sagen, dass jeder, der hier leidet, im Himmel getröstet wird, und jeder, dem es hier gut geht, im Himmel leiden muss. Ich glaube vielmehr, dass Jesus uns hier zeigt, dass er im Himmel dafür sorgen wird, dass Ungerechtigkeiten, die auf dieser Erde leider unausweichlich sind, einmal im Himmel ausgeglichen werden.

Gott ist gerecht. Das ist nicht etwas, was wir auf dieser Erde sehen können, sondern eine Glaubensaussage, die erst im Himmel deutlich werden wird. Paulus schreibt:

„Denn ich bin überzeugt, dass dieser Zeit Leiden nicht ins Gewicht fallen gegenüber der Herrlichkeit, die an uns offenbart werden soll." (Röm 8,18)

Dieser Ausblick auf die Ewigkeit und das Wissen, dass Gott in der Ewigkeit für Gerechtigkeit sorgen wird, wurde manchmal missbraucht. Es wurde benutzt von den Mächtigen dieser Welt, um ihre eigene Ungerechtigkeit zu zementieren und die Menschen, die unter ihrer Ungerechtigkeit litten, ruhig zu halten. „Im Himmel werdet ihr ja belohnt. Also ertragt das Unrecht, das euch geschieht." Mit diesem Argument wurde z. B. manchmal versucht, die Sklaverei zu rechtfertigen. Das ist natürlich falsch. Aber trotzdem ist es wahr, dass Gottes Gerechtigkeit erst im Endgericht und der Ewigkeit deutlich und sichtbar werden wird. Und dass uns diese Perspektive hilft, die Ereignisse, die wir hier erleben, in ein richtiges Licht zu rücken.

Richtig verstanden macht uns dieses Wissen nicht untätig in dieser Welt, sondern befreit uns erst richtig zum Handeln. Gerade weil ich weiß, dass Gott am Ende dieser Welt steht, dass sein Reich des Friedens kommen wird, kann ich mich in dieser Welt einsetzen und meinen Teil dazu beitragen, dass schon hier auf dieser Welt Gutes geschieht. Gottes neue Welt kommt – und bis dahin müssen wir handeln, so habe ich diesen Punkt überschrieben.

Gerade weil wir wissen, dass wir nicht den Himmel auf Erden schaffen können, sollen wir uns für diese Erde einsetzen. Wir als Christen sind dazu aufgerufen, in vorderster Front Gutes zu tun. Dabei sollen wir nicht nur in den großen Katastrophen aktiv werden, sondern auch im kleinen Bereich unserer Nachbarschaft. Wer wartet dort auf einen Besuch von uns? Wer braucht dort unsere Hilfe, unser liebevolles Dasein, unser freundliches Wort?

Und natürlich gehören zu diesem „Handeln, bis Jesus wieder-kommt" ganz entscheidend auch die Evangelisation und die Mission, das Weitersagen der Guten Nachricht von Gottes Lie-be in Jesus Christus. Gerade in einer Welt, die von Katastrophen und Unheil geschüttelt wird, sollen wir das Heil Gottes verkün-den. Er hat diese Welt in seiner Hand und wird am Ende einmal alles neu machen.

Dann, in Gottes neuer Welt, gibt es kein Leid und keine Un-gerechtigkeit mehr. Dann, in der Ewigkeit Gottes, werden alle Ungerechtigkeiten dieser Welt ausgeglichen. Auf diese neue Welt Gottes können wir uns freuen, darauf können wir hoffen. Und gleichzeitig kann uns diese Hoffnung und Vorfreude den Mut geben, dass wir uns ganz einsetzen für diese Welt und die Menschen in unserer Umgebung. Wir sollen alles dafür tun, dass sie an uns und unserem Handeln etwas von der Liebe und Güte Gottes spüren. Und dass sie durch unser Reden und unser Zeug-nis von Gott und seiner Liebe erfahren, die am Kreuz ein für alle Mal deutlich sichtbar geworden ist.

Ein Letztes noch: Weil Gott der Herr des Universums ist, der Schöpfer und Herr über alles, hat er auch alles Recht dazu, das Leben von Menschen zu beenden, wenn sein Zeitpunkt gekom-men ist. Hans Peter Royer, der ehemalige, bei einem Unfall ums Leben gekommene Leiter der Bibelschule „Tauernhof" in Öster-reich, hat ein Buch geschrieben mit dem Titel „Du musst ster-ben, bevor du lebst, damit du lebst, bevor du stirbst." In diesem Buch schreibt er etwas, was auch über sein eigenes Leben und Sterben gestellt werden kann:

„Ich glaube nicht an einen ‚vorzeitigen' oder ‚zu frühen' Tod. So schwer es für die Hinterbliebenen sein mag, wenn ein Familienmitglied früh stirbt, so hat Gott doch die Freiheit, uns dann heimzuholen, wann er es will.[3]*"*

Ich wünsche mir für mich persönlich, dass ich diesen Blick gewinne und Gott vertraue – ob er nun meine Gebete erhört oder nicht, ob er eingreift oder nicht. Denn ich weiß, dass am Ende meines Lebens Gott und seine Herrlichkeit auf mich warten. Und was bitte kann es Besseres geben?

Teil 4

Und nun?
Sei radikal!

Irgendwie ist das doch komisch mit uns Menschen. Im Grunde unseres Herzens wollen wir das Gute. Wir sehnen uns nach Harmonie und Frieden. Und obwohl das eigentlich der Traum aller Menschen ist, schaffen wir es nicht. Das, was wir „Frieden" nennen, ist doch höchstens die Abwesenheit von Krieg. Der Unfrieden steckt nämlich tief in uns drin. Da liegt das eigentliche Problem: in uns, in dir und mir. Die Bibel sagt, dass unser Herz, und sie meint damit die Mitte unseres ganzen Lebens, böse ist, und dass Neid und Hass, Streit und Mord aus diesem Herzen kommen. Und wenn wir ehrlich sind – ist das nicht wirklich so? Eigentlich wollten wir gar nicht so sein, aber dann kam es doch wieder über uns …

Deshalb ist es wichtig, nicht nur ein wenig Oberflächenverbesserung zu betreiben, sondern wirklich radikal zu sein, d. h. an die Wurzel zu gehen. Das lateinische Wort „radix" bedeutet ja „Wurzel". Daher übrigens unser „Radieschen", das „Würzelchen". Das deutsche Wort „radikal" kommt ebenfalls daher. Es meint, dass da etwas wirklich bis an die Wurzel geht und darum eine Veränderung schafft, die wirklich alle Bereiche des Lebens betrifft. In diesem Sinn möchte ich Dich abschließend einladen, „radikal" zu sein!

Ich möchte noch einmal auf die Geschichte zurückkommen, die wir auch schon zu Karfreitag betrachtet haben. Da war dieser junge Mann. Er war ein angesehener Mann des öffentlichen Lebens. Er hatte es zu etwas gebracht. Reich war er. Er hatte hart dafür gearbeitet und war ein wirklich erfolgreicher Mann. Obwohl er eigentlich noch recht jung dafür war, war er schon der Vorsteher einer Synagoge (vgl. Lk 18,18) – heute wäre er vielleicht Vorsitzender des Presbyteriums.

Eigentlich hätte er zufrieden sein können. Er war die Karriereleiter ganz nach oben geklettert – in jeder Hinsicht.

Und trotzdem – irgendetwas fehlte ihm. Er hatte alles erreicht, aber er fühlte sich innerlich seltsam leer. All sein Besitz und sein

Ansehen waren irgendwie nicht genug. Auch wenn alle anderen ihn für wichtig und wertvoll hielten – in seinen eigenen Augen war er das nicht.

Woher weiß ich, dass ich etwas wert bin? Was macht das Leben eigentlich sinnvoll und erfüllt? Die Antwort auf diese Frage ist ganz entscheidend. Denn wenn ich selbst davon überzeugt bin, dass ich etwas wert bin, dann habe ich es gar nicht mehr nötig, krampfhaft nach Anerkennung und Zuwendung zu streben.

Diese Frage nach dem Wert seines Lebens quälte auch unseren jungen, reichen Mann. In sich spürte er eine Leere, die kein Geld und kein Erfolg ausfüllen konnten. In letzter Zeit hatte er häufig von einem Mann namens Jesus gehört. Ein Mann, der die Leute in Bewegung setzte.

Lange hatte er mit sich gerungen. Als Vorsteher der Synagoge erwartete man eigentlich von ihm, Antworten zu haben – nicht Fragen. Und als angesehener und einflussreicher Mann des öffentlichen Lebens konnte er doch unmöglich zu solch einem einfachen und ungelernten Zimmermann gehen und von ihm Hilfe erwarten! Trotzdem – die Frage ließ ihn nicht los: „Warum bin ich trotz aller meiner Erfolge innerlich so leer? Was fehlt mir eigentlich? Was kann diese innere Leere wirklich ausfüllen?" Kennst du diese Fragen?

Eines Tages nahm er allen seinen Mut zusammen. Jesus war gerade in der Stadt. Er passte ihn ab und als er ihn sah, lief er zu ihm hin und fiel auf die Knie. Es war ihm wirklich ernst. Dass die Leute um ihn herum die Köpfe schüttelten und über sein Verhalten entsetzt waren, interessierte ihn offensichtlich nicht.

„Meister, was soll ich Gutes tun, damit ich das ewige Leben habe?" (Mt 19,16, Parallelstellen: Mk 10,17; Lk 18,18)

Er tat doch so viel Gutes. Und trotzdem war er innerlich so leer. Hatte er vielleicht irgendwelche guten Taten vergessen? Was fehlte ihm bloß? Jesus antwortete dem jungen Mann:

„Willst du aber zum Leben eingehen, so halte die Gebote." (Mt 19,17b)

Das Problem mit dieser Antwort war, dass dieser junge Mann genau das schon immer getan hatte. Er war ja von klein auf sehr religiös gewesen und hatte sein ganzes Leben nach den Geboten der Bibel ausgerichtet. Das konnte es also doch nicht sein!

Verwundert fragt der junge Mann: *„Welche Gebote meinst du?"*

Jesus aber sprach: *„Du sollst nicht töten; du sollst nicht ehebrechen; du sollst nicht stehlen; du sollst nicht falsch Zeugnis geben; ehre Vater und Mutter";* und: *„Du sollst deinen Nächsten lieben wie dich selbst."* (Mt 19,18b+19)

Jesus nannte dem jungen Mann einige der Zehn Gebote. Vermutlich haben die meisten Deutschen sie im Konfirmanden- oder Kommunionsunterricht, im Kindergottesdienst, der Sonntagsschule oder der Jungschar auswendig lernen müssen – oder das kommt noch. Jesus nannte jene Gebote, die sich auf den zwischenmenschlichen Bereich beziehen. Der junge Mann war etwas enttäuscht. Das war nicht die Antwort, die er suchte. Er sagte:

„Das habe ich alles gehalten; was fehlt mir noch?" (Mt 19,20)

Anders ausgedrückt: „Das tue ich doch längst. Und doch bin ich innerlich so leer! Es ist, als ob mir das Entscheidende fehlt!"

Dieser junge Mann steht stellvertretend für so viele seither in unserer Gesellschaft und auch in den christlichen Kirchen und Gemeinden. Menschen, die ein vorbildliches Leben führen. Sie strengen sich an, mit allen Menschen in Frieden zu leben. Sie wollen ganz bewusst als Christen leben oder zumindest als gute Menschen. Sie sind edle Menschen und haben, wenn sie in einer christlichen Kirche oder Gemeinde aktiv sind, dort oft auch einen sehr guten Ruf. Immer besser haben sie es gelernt, wie man sich als Christ verhalten muss. Und sie tun es auch.

Und dann gibt es da noch die vielen, die zwar nicht besonders christlich oder religiös sind, an deren Leben aber eigentlich nichts auszusetzen ist. Sie sind gute Menschen. Sie halten sich von moralischen Fragwürdigkeiten fern und führen ein gutes Leben. Auch sie sehen sich oft als Christen an. Schließlich gehören sie ja meistens seit ihrer Kindheit einer christlichen Kirche an, auch wenn sie nur relativ selten dorthin gehen.

Für beide Gruppen gilt: Hin und wieder haben sie das gleiche Gefühl wie dieser junge Mann. „Irgendetwas fehlt mir, tief in meinem Herzen ist eine Leere, die kann ich eigentlich nicht ausfüllen." Es mag sein, dass sie die Karriereleiter ganz nach oben geklettert sind, dass sie mehr Erfolg in ihrem Leben hatten, als sie es je für möglich gehalten haben.

Einer der Beatles soll einmal sinngemäß gesagt haben: „Wir haben alles erreicht. Wir haben Geld, Frauen, sogar ein eigenes Flugzeug. Aber glücklich sind wir nie gewesen."

In der Bibel lesen wir, dass Jesus diesen jungen Mann ansah und ihn liebte. Er weiß: Dieser Mann war kein Heuchler, er meinte es wirklich ernst. Er war auf der Suche und Jesus wollte ihm gerne helfen. Aber Jesus wusste auch genau, wo das Problem dieses jungen Mannes lag!

„*Eins fehlt dir noch*", sagte Jesus. Der junge Mann mag aufgehorcht haben. Nur eines noch? Was mochte das sein?

„*Willst du vollkommen sein* [d. h. wenn deine innere Leere ausgefüllt werden soll], *so geh hin, verkaufe, was du hast, und gib's den Armen, so wirst du einen Schatz im Himmel haben; und komm und folge mir nach!*" (Mt 19,21)

Das war der entscheidende Punkt im Leben dieses jungen Mannes. Dabei geht es gar nicht in erster Linie um Geld. Das wäre dann ja eine einfache Antwort. Sie würde lauten: Wenn du ewiges Leben haben willst, darfst du – zumindest finanziell – keinen Erfolg haben, sondern musst dein Geld abgeben und bereit sein zur Armut. Dann ist alles in Ordnung.

Aber genau das ist hier nicht gemeint. Es geht nicht darum, dass nur Arme Jesus nachfolgen können. Es geht vielmehr um die grundlegende Frage, wer im Leben dieses jungen Mannes eigentlich Herr ist. Jesus hatte ihm die Fragen nach den zwischenmenschlichen Geboten gestellt, Gebote, die er immer gehalten hatte.

Jetzt stellte Jesus ihm die Frage nach dem ersten Gebot: „*Ich bin der HERR, dein Gott, der ich dich aus Ägyptenland, aus der Knechtschaft, geführt habe. Du sollst keine anderen Götter haben neben mir*" (2. Mo 20,23). Alle anderen Gebote hängen von diesem ersten Gebot ab. Der junge Mann wollte Gott gefallen. Er nahm die Sache wirklich ernst. Aber er hatte zwei Götter: Gott im Himmel und das Geld auf der Erde. Er war sehr reich, berichtet die Bibel.

Vielleicht hast du das schon öfter gehört: „Dein Gott ist das, was dir das Wichtigste ist." Deshalb konfrontiert Jesus den jungen Mann mit dieser Entscheidung: Was ist wichtiger für dich? Dein Besitz oder der Wunsch, Gott zu gefallen, die Liebe zu Gott?

Ich habe gesagt, dass es auch heute in unseren Gemeinden und darüber hinaus viele Leute wie diesen jungen Mann gibt. Dabei muss es überhaupt nicht immer um das Geld gehen. Viele andere Dinge können diesen Platz einnehmen. Alles, worauf man sein Vertrauen setzt, worauf man sich stützt und verlässt. Alles, was den ersten Platz einnimmt, was mir das Wichtigste ist, ist hier gemeint. Das kann recht viel sein: Geld, Besitz, Ehre, Kraft, eigene Leistung, Erfolg.

Die entscheidende Frage daher lautet: Wer oder was steht in deinem Leben an erster Stelle? Du selbst und deine Wünsche, deine Lebensziele, dein Geld, dein Besitz – oder vielleicht auch das fehlende Geld, der fehlende Besitz? Deine Leistung und dein Erfolg, dein ICH oder Gott? An der ersten Stelle kann immer nur eins stehen!

Allzu schnell meinen wir, es hätte genügt, wenn dieser junge Mann nach einem langen, inneren Kampf seinen Besitz verkauft hätte, um das ewige Leben zu bekommen. Aber das war nicht das Ziel von Jesus. Auch dann wäre er genauso leer gewesen wie vorher. Es ging ja nicht um die Frage „Geld oder Leben". Das ewige Leben kann man sich nicht erkaufen. Es ging um eine andere Frage: Liebe zu Gott oder Liebe zu mir selbst?

Deshalb sagte Jesus ja auch nicht nur: „Verkaufe, was du hast, und gib's den Armen", sondern auch: „Und komm und folge mir nach." Doch der junge Mann konnte das nicht tun. Er ging traurig weg. Dazu war er einfach nicht bereit, denn er war sehr reich.

Aber das Ergebnis wäre genau das Gleiche gewesen, wenn er nun versucht hätte, sich das ewige Leben zu erkaufen, indem er äußerlich getan hätte, was Jesus wollte, aber seine Einstellung nicht geändert hätte. Dieser junge Mann hatte im Leben hier auf Erden gewonnen. Er war angesehen und geachtet und reich. Und doch war ihm gerade dadurch das eigentliche Leben unter den Händen zerronnen. Der ganze Erfolg hatte ihn nicht nach vorne gebracht, sondern nur weiter zurück. Nur – das konnte und wollte er sich nicht eingestehen.

Jesus sucht auch heute nicht Menschen, die sich zähneknirschend alles verkneifen, was schön ist auf dieser Welt, damit sie – sozusagen als Wiedergutmachung – das ewige Leben dafür bekommen. Nein. Es geht um etwas ganz anderes!

Jesus lädt uns ein: „Komm zu mir. Folge mir nach." Vielleicht hast du das schon oft gehört. Vielleicht ist es auch neu für dich. „Wie viel Erfolg braucht der Mensch?", so könnte man fragen. Die Antwort ist ernüchternd: Kein Erfolg der Welt kann den Menschen wirklich glücklich machen. Wer ohne Geld und Erfolg nicht glücklich und erfüllt ist, der ist es mit Geld und Erfolg auch nicht. Nur Gott selbst kann unser Leben ausfüllen, kann uns wirklich glücklich machen.

Deshalb lade ich dich ein, Jesus zum Herrn deines Lebens zu machen. Er ist der einzige Weg zu Gott. Er kann dir alles vergeben, was bisher in deinem Leben falsch gelaufen ist. Und er schenkt dir einen neuen Anfang. Er allein kann diese Leere in dir ausfüllen und dein Leben sinnvoll und glücklich machen.

Sei radikal! Geh den Problemen wirklich auf den Grund! Jesus will dich von innen heraus verändern. Er will dein Herz neu machen, deine Lebensmitte.

Wenn man in einem Zug unterwegs ist und plötzlich feststellt, dass man in die falsche Richtung fährt, kann man natürlich sitzen bleiben und die Landschaft genießen. Aber man kommt dann nicht an das gewünschte Ziel. Es hilft auch nicht, wenn man aufsteht und im Zug in die andere Richtung läuft. Nur eine Sache bringt dann wirklich eine Veränderung: Sei radikal! Steig aus dem falschen Zug aus und in den richtigen Zug ein.

Gott selbst will dir helfen, von dir und deinem Egoismus weg zu kommen und wirklich ein Leben zu führen, in dem die Liebe zu ihm das Eigentliche und Entscheidende ist. Wenn du jetzt erkannt hast: „Ich bin wie dieser reiche, junge Mann. Irgendwie bin ich innerlich leer", dann gibt es nur einen Weg für dich: Sei radikal. Suche den Sinn und Halt deines Lebens nicht in irgendwelchen Ideologien, in politischen oder religiösen Gruppierungen, sondern in Gott!

Wer dies tun möchte, wer sein Leben Jesus Christus anvertrauen und ihn zum Herrn seines Lebens machen will, kann dies mit dem folgenden Gebet tun. Natürlich kann man auch ganz andere, eigene Worte verwenden. Gott versteht uns. Er weiß, wie wir es meinen, auch wenn wir uns vielleicht nicht richtig ausdrücken können. Er freut sich darüber, wenn wir ihm das Vertrauen aussprechen.

Das kann man – wie gesagt – mit einem solchen Gebet tun:

„Lieber Herr Jesus Christus, ich danke dir dafür, dass du mich liebst. Ich weiß, dass ich bisher mein Leben ohne dich gelebt habe. Ich habe viele Dinge getan, die in deinen Augen Sünde sind. Aber ich weiß auch, dass du mir vergeben willst. Ich danke dir, dass du für meine Schuld und Sünde am Kreuz gestorben bist. Ich danke dir, dass du mir ewiges Leben anbietest. Ich bitte dich um Vergebung für mein Leben ohne dich und gegen deinen Willen. Danke, dass du mir vergibst. Ich bitte dich, komm du in mein Leben hinein. Du sollst mein

Herr sein. Ich gebe dir die Herrschaft über mein Leben und vertraue dir, dass du es gut mit mir meinst. Danke, dass ich jetzt ein Kind Gottes geworden bin. Amen."

Wenn du so oder ähnlich betest und dies wirklich von Herzen meinst, dann wirst du in diesem Augenblick zu einem Kind Gottes. Gott hat dir deine Schuld und Sünde vergeben. Er will von jetzt an immer an deiner Seite stehen. Er wird dich nie wieder verlassen. Wichtig ist, dass du in einer Gemeinschaft von Christen lebst, die so wie du Jesus Christus in ihr Leben eingeladen haben. Und genauso wichtig ist es, dass du dich von nun an durch das Wort Gottes, die Bibel, prägen und bestimmen lässt. Bleibe durch Gebet mit Gott im Gespräch und höre auf das, was er dir in der Bibel sagt.

Gern sind wir bereit, dir auf diesem Weg mit Gott weiterzuhelfen. **Wende dich einfach an:**

Missions- und Bildungswerk NEUES LEBEN e.V.
Raiffeisenstr. 2
57635 Wölmersen
E-Mail: info@neuesleben.de
Tel: +49 (0) 2681 / 2395

Christliche Verlagsgesellschaft mbH
Kompetent. Profiliert. Engagiert.

Anton Schulte/
Sabine Langenbach

MENSCH ANTON
Über das Leben und
Wirken vom Gründer
des Missionswerks
„NEUES LEBEN"

Gebunden,
12 x 18,7 cm,
352 Seiten

Die überarbeitete Autobiografie von Evangelist Anton
Schulte schildert eindrücklich, wie aus dem Müller-Gesellen
aus Bottrop einer der bekanntesten Prediger in den 1960er-
Jahren wurde. Interviews mit Wegbegleitern, Fotos und
Rezepte ergänzen die Eindrücke.
Best.-Nr. 271.157 | **ISBN:** 978-3-86353-157-7

Christliche Verlagsgesellschaft mbH
Moltkestraße 1, 35683 Dillenburg
Tel.: 02771 83020, www.cv-dillenburg.de

Quellennachweise

[1] http://www.weihnachtsmarkt.net/Weihnachten/Weihnachtsgeschichten.html

[2] http://www.nimm-lies.de/durch-viel-truebsal/7980

[3] IDEA Spectrum 34/2013, „Das Wort der Woche", S. 32

LEBENSNAH UND PRAKTISCH.

Das Magazin bietet mit seinen drei Rubriken Leben, Glauben und Gesellschaft praktische Hilfe, zeigt, was Glauben bedeutet und wie sich der eigene Glaube konkret im Alltag leben lässt.

GLAUBENSMUTMACHER.

Hoffnung, Trauer, Freude, Stress – NEUES LEBEN hilft Ihnen, die besonderen Momente des Lebens aufgrund biblischer Werte zu bewerten und zeigt Ihnen Beispiele anderer Menschen und wie sie in ähnlichen Situationen gehandelt haben.

4x/JAHR. 52 SEITEN.

Jedes Quartal erscheint ein neues Heft, das sich mit einem aktuellen Thema beschäftigt. So entsteht mit der Zeit in Ihrem Regal eine kleine Ratgeber-Bibliothek, auf die Sie auch später zurückgreifen können.

KOSTENFREI.

Das Magazin NEUES LEBEN gibt es jetzt für Sie kostenfrei. Es ist unser Anliegen, dass Menschen erfahren, welche Hilfe die Bibel in allen Fragen des Lebens ist. Und darüber Gott als liebenden und zeitlos modernen Erfinder des Lebens kennenlernen.